Inhaltsverzeichnis

Vorwort

Einschulung – endlich! Man trifft sich in der örtlichen Grundschule zur Einschulung der Schulanfänger! Die Schultüte ist gestopft, der Ranzen vollständig, die Garderobe besorgt, die Verwandtschaft geladen und der Tisch bestellt. Zunächst begrüßen die Zweitklässler die Neuen mit ihrem Programm: „Wir haben es auch geschafft!“ Dann werden die Kleinen mehr oder weniger feierlich in den Stand eines Schulkindes erhoben und erleben ihre erste Schulstunde. Die Schulleiterin spricht in der Zwischenzeit wegweisende oder mahnende Worte an die Eltern und Gäste. Spätestens jetzt stellt sich so manches Elternteil die Frage, ob der Sprössling auch richtig vorbereitet ist. Die Freude über das Erreichen des neuen Lebensabschnitts mischt sich mit Sorge, Skepsis und auch Angst. Zu wichtig ist heute ein guter Start ins Schulleben!

Selbst Mutter eines Schulanfängers und zudem beruflich damit betraut, eine „Vorklasse“ zu unterrichten, entstand aus der Arbeit mit Kindern aus Vorschulklassen am Sprachheilpädagogischen Förderzentrum Rostock die Idee zum vorliegenden Buch.

Erzieherinnen und Lehrerinnen im Vorschulbereich finden zunächst für jede Woche ein passendes Unterrichtsthema, welches sich inhaltlich in der Regel an den jahreszeitlichen Gegebenheiten orientiert. Das Material enthält zahlreiche Arbeitsblätter, deren Einsatz durch eine Reihe von Anregungen zur methodischen Umsetzung beschrieben wird. In den einzelnen Wochen bilden umwelt- bzw. sachunterrichtliche Lerninhalte die Grundlage für das thematische Verknüpfen mit anderen Lernbereichen, wobei die **Vorbereitung auf den Schriftspracherwerb** ebenso berücksichtigt wird wie die **Entwicklung grundlegender mathematischer Fähigkeiten**. Es werden bewährte Spiel- und Übungsmöglichkeiten beschrieben, welche sowohl **kognitive** und **sprachliche** als auch **sensomotorische Fähigkeiten** des Vorschulkindes fördern. Weiterhin werden Lieder zum Singen, Bewegen und Begleiten empfohlen, die auf das Rahmenthema abgestimmt sind.

Unter der Rubrik **„Hilfreiches“** sind Hinweise und Ideen zusammengetragen, die allgemein die Organisation des Vorschulalltags, nicht nur für die Kinder, erleichtern.

An dieser Stelle möchte ich mich bei dem Kollegium des Sprachheilpädagogischen Förderzentrums Rostock für Zuspruch und Unterstützung während der Entstehung des Buches bedanken:

Meinen Kolleginnen Petra Schrubba und Kathrin Senkel für die kritische Durchsicht des Manuskripts, meiner Kollegin Elisabeth Bogdanow für die praktische Erprobung, meiner Kollegin Elke Oberländer, die durch die Gestaltung einiger Arbeitsblätter an diesem Buch mitgewirkt hat, meiner Referendarin Stefanie Fiedler für die Unterstützung während der Fertigstellung des Buches.

Ganz besonderer Dank gilt meiner Kollegin Angelika Rothe für die zahlreichen inhaltlichen Anregungen und dafür, dass ohne deren kompetente und erfahrene Anleitung die Idee zu diesem Buch vermutlich nie geboren wäre.

Ihre Cornelia Tödt

Inhaltliche Schwerpunkte

Sprachförderung

Kinder sollten vor dem Schuleintritt alle Laute bilden können, grammatikalische Strukturen weitestgehend sicher anwenden und über einen ausreichend differenzierten Wortschatz verfügen. Dies ist immer häufiger nicht der Fall. Die Aufgabe der Erzieherin besteht hier zunächst darin, Entwicklungsrückstände zu erkennen, die Eltern zu informieren und an entsprechende Fachkräfte zu verweisen. Die gezielte therapeutische Arbeit am Lautinventar, an der Grammatik oder am Wortschatz, gehört dann in die Hände von Logopäden oder Sprachheilpädagogen. Dennoch kann in der Vorschularbeit ein unerlässlicher Beitrag für die Entwicklung der sprachlichen Fähigkeiten und den Abbau von Sprachentwicklungsrückständen geleistet werden. Dieser besteht im Wesentlichen darin, die Sprechweise des Kindes gezielt zu „modellieren", das heißt sprachliche Fehlleistungen nicht zu „überhören", sondern durch Vorgabe exakter Sprachmuster zu korrigieren. Darüber hinaus ergibt sich die dringliche Aufgabe, in der alltäglichen Interaktion nach Anlässen zu suchen, um das sprachliche Wissen des Kindes zu erweitern. Zahlreiche der im Material enthaltenen Übungen entsprechen eben diesem Anliegen und sollen den Kindern helfen, die erforderlichen Sprachelemente auf spielerische und freudvolle Weise zu übernehmen. Dabei ist die Förderung der **kognitiven** und **sensomotorischen Entwicklung** integrierter Bestandteil.

Vorbereitung auf den Schriftspracherwerb

Schulkinder mit einer diagnostizierten Lese-Rechtschreibschwäche fallen hinsichtlich der schriftsprachlichen Leistungen vor allem durch die eingeschränkten Gliederungs- und Differenzierungsfähigkeiten auf. Die Vorbereitung auf den Schriftspracherwerb bedeutet hier deshalb die Entwicklung der **phonologischen Bewusstheit**, das heißt die Fähigkeiten, die Lautstrukturen der gesprochenen Sprache zu erkennen. Gezielte Übungen zur **Reimbildung**, zur **Silbensegmentierung** sowie zur **Anlauterkennung** bzw. zur **Lautlokalisation** bieten Vorschulkindern die Möglichkeit, sich der Struktur von Sprache bewusst zu werden.

Die Erarbeitung ausgewählter Laute und der dazugehörigen Buchstaben gibt Anlass zur Beobachtung der **Laut-Buchstaben-Zuordnung** und **Lautanalyse** im Wort und schließlich zur groben Einschätzung der **Synthesefähigkeit** des Vorschulkindes an einfachstem Wortmaterial.

Thematisch eingebundene **Vorschreibübungen** dienen der Unterstützung von Bewegungsabläufen beim Schreiben und der Beeinflussung von Sitz- und Stifthaltung.

Entwicklung mathematischer Fähigkeiten

Vorschulkinder sind meist in der Lage bis 10 zu zählen und Mengen bis 4 oder 5 simultan zu erfassen. Die in die Wochenthemen integrierten Übungen zur **Arbeit mit Mengen** dienen der Schaffung von Vorbedingungen für den Aufbau des Bereiches der natürlichen Zahlen von 1 bis 10. Hierbei üben die Kinder, Mengen aufzufassen, darzustellen, zu vergleichen und zu zerlegen und darüber hinaus die Ziffern bis 10 zu erkennen und zu schreiben.

Die Erarbeitung **quantitativer Elementarbeziehungen** (wie mehr und weniger) und **Lagebezeichnungen** (wie oben und unten) dienen ebenfalls der Festigung, Erweiterung und Systematisierung elementarer mathematischer Kenntnisse. Zudem werden **Eigenschaften** (wie groß und klein), **Formen** und **Farben** und schließlich auch **Symmetrien** untersucht.

Rhythmisch-musikalische Erziehung

Die Vorzüge einer rhythmisch-musikalischen Erziehung nicht nur in der vorschulischen Bildung sind wohl unumstritten. Die rhythmisch-melodische Differenzierungsfähigkeit ist Bestandteil der sensomotorischen Reife und bildet gleichermaßen die Grundlage für die Entwicklung sprachlicher und kognitiver Fähigkeiten. Allein das Singen eines einfachen Kinderliedes z. B. nimmt Einfluss auf die **Laut- und Satzbildung**, dient der Erweiterung und Festigung des **Wortschatzes**, trainiert die **Merk- und Konzentrationsfähigkeit**. Nicht zuletzt wird das **emotionale und soziale Empfinden** beeinflusst. Besinnliche Lieder oder ruhige Musik wirken entspannend, während Heiteres Lust und Freude bringt. In der Gemeinschaft empfunden fördert Musik das soziale Miteinander.

Erfahrene Erzieherinnen verfügen meist über ihr eigenes Repertoire beliebter und bewährter Lieder und Tänze. Anregungen und Alternativen bietet die vorliegende Sammlung, wobei sowohl traditionelles als auch gegenwärtiges Liedgut ausgesucht wurde. Darüber hinaus sind vielfältige Gestaltungsvorschläge beschrieben.

Zur Arbeit mit dem Material

Um mit dem vorliegenden Material arbeiten zu können, sollten die Kinder ausgewählte Arbeitsmittel besitzen. Zudem sind einige Anschaffungen für den Gruppenraum nötig.

Arbeitsmittel des Vorschulkindes:

- **Federmäppchen** mit 2 Bleistiften, Bunt- und Filzstiften, Anspitzer, Radiergummi
- **Klebestift und Schere**
- **roter Hefter** zum Sammeln der Arbeitsblätter im Bereich Deutsch
- **blauer Hefter** zum Sammeln der Arbeitsblätter im Bereich Mathematik
- **unliniertes Heft DIN A4** für sonstige Übungen (z. B. Klebearbeiten)

Hilfreiche Anschaffungen

- **Orff-Instrumente** in ausreichender Anzahl (Klanghölzer und Triangeln für die ganze Gruppe)
- **Teppichfliesen** – gut geeignet, um zügig mit der Gruppe einen Sitzkreis oder die „Kino"-Platzanordnung zu gestalten (In Baumärkten sind Reste von Auslegeware mitunter kostenlos zu haben.)
- **Reifen** – ideal bei der Gestaltung von Kreistänzen; durch den ausgelegten Reifen in der Mitte des Kreises können die Kinder besser Abstand halten
- **Klammerbänder** (ein Band für den Hals, wobei an beiden Enden eine Klammer angebunden wird) – verschiedene Bildkarten können als Umhängekarten an die Kinder verteilt werden, sodass bei Spielen die Hände frei sind
- **Pinsel** für Rechts-Links-Übungen
- **Legematerialien (Stäbchen, Muggelsteine, Punkte, Holzformen, Bausteine, Applikationen, Kordeln, Seile)** in ausreichender Anzahl
- **Schälchen** – zum Ablegen von Arbeitsmitteln, die zum Herunterfallen neigen
- **Steckerspiele** zum Stecken von Ziffern- und Buchstabenformen
- **Klebepunkte (rot wie rechts)** zum Markieren der rechten Seite
- **Laminiergerät** zur Anfertigung von Arbeitsmitteln
- **Würfel** in verschiedenen Farben und einen größeren **Würfel** mit tief liegenden Punkten für Tastübungen von Würfelpunktmengen
- **„Magische Tafel"** für optische Differenzierungsübungen von Ziffern- und Buchstabenformen (13. Woche)
- **Wachsmalblöcke** – geeignet, um schnell und farbenfroh Schreiblinien für Vorschreibübungen auf das Blatt zu ziehen
- **Buchständer** zur Buchvorstellung im „Kino"
- **Kinderzeitschriften** und **Prospekte** aus der Tagespost für Suchübungen

Bücher und CDs

Zur Arbeit mit diesem Buch benötigen Sie verschiedene Lieder und Musikbeispiele. Die Volkslieder finden Sie im Anhang, andere Lieder finden Sie in den folgenden Medien:

Woche	Autor/Hrsg.	Titel
1.	Detlev Jöcker	**1, 2, 3 im Sauseschritt, Menschenkinder Verlag, Münster, 1995:** „1, 2, 3 im Sauseschritt"
	Anna Fischer-Olm	**Mit schöner Sprache durch das Jahr, verlag modernes lernen, Borgmann KG, 2003:** „Schaut euch nur die (Doris) an …"
2.	Manfred Grote	**„Mein Liederbuch", Volk und Wissen Verlag, Berlin, 2002:** „Das Farbenlied"
3./4.	Rolf Zuckowski	**Rolfs Top 100, Polydor, 2007 (CD):** „Die Jahresuhr"
5.		

Woche	Autor/Hrsg.	Titel
6.		
7.		
8.	Hans Vogel/Andreas Unterumsberger Gerda Bächli	**Mein Liederkästchen, Volk und Wissen Verlag, Berlin, 1992:** „Wenn der frische Herbstwind …“ **Im Bim-Bam-Bummelzug, Verlag Musikhaus Pan AG, Zürich, 1988:** „Kastanienlied“
9.	Detlev Jöcker	**Und weiter geht's im Sauseschritt, Menschenkinder Verlag, Münster, 1994:** „Das Zappellied“
10.	Hans Vogel/Andreas Unterumsberger	**Mein Liederkästchen, Volk und Wissen Verlag, Berlin, 1992:** „Der Igel“
11./12.	Detlev Jöcker	**1, 2, 3 im Sauseschritt, Menschenkinder Verlag, Münster, 1995:** „1, 2, 3 im Sauseschritt“
13.		
14./15.	Wolfgang Spode Rolf Zuckowski Detlev Jöcker	**Die Wundertüte, Fidula, Boppard, 1993:** „Eine Mücke schwirrt durchs Zimmer“ **Rolfs Top 100, Polydor, 2007:** „Rechts und Links“ **Und weiter geht's im Sauseschritt, Menschenkinder Verlag, Münster, 1994:** „Drei Schritte rückwärts“
16.		
17.		
18./19.	Rolf Zuckowski Hans Vogel/ Andreas Unterumsberger	**Rolfs Top 100, Polydor, 2007:** „In der Weihnachtsbäckerei“ **Mein Liederkästchen, Volk und Wissen Verlag, Berlin, 1992:** „So viel Heimlichkeit“ „Bald nun ist Weihnachtzeit“
20.		
21.	Hans Vogel/Andreas Unterumsberger Detlev Jöcker Volker Rosin	**Mein Liederkästchen, Volk und Wissen Verlag, Berlin, 1992:** „Schneemann, Schneemann, wie siehst du aus?“ **Und weiter geht's im Sauseschritt, Menschenkinder Verlag, Münster, 1994:** „Wir bauen einen Schneemann“ **Weihnacht im Schnee, Moon-Records, 1999:** „Ich bin ein kleiner Schneemann“
22.	Hans Vogel/Andreas Unterumsberger	**Mein Liederkästchen, Volk und Wissen Verlag, Berlin, 1992:** „Schneeflöckchen, Weißröckchen“ „Rodellied“
23.	Hans Vogel/Andreas Unterumsberger Detlev Jöcker	**Mein Liederkästchen, Volk und Wissen Verlag, Berlin, 1992:** „Wenn Fastnacht ist“ **1, 2, 3 im Sauseschritt, Menschenkinder Verlag, Münster, 1995:** „1, 2, 3 im Sauseschritt“

Woche	Autor/Hrsg.	Titel
24.	Reinhard Horn/Rita Mölders/Dorothe Schröder	**Weihnachtshits, Kontakte-Musikverlag, 2004:** „Kleine Igel schlafen gern“
	Hans Vogel/Andreas Unterumsberger	**Mein Liederkästchen, Volk und Wissen Verlag, Berlin, 1992:** „Ich bau mit meinen Händen“
25./26.	Wolfgang Spode	**Die Wundertüte, Fidula, Boppard, 1993:** „Ich brauche kein Orchester“
27.	Ludger Edelkötter	**Hast du etwas Zeit für mich?, Impulse-Musikverlag, Drensteinfurt, 1984:** „Ich habe einen Kopf“
28.	Hermann Große-Jäger	**Tanzen in der Grundschule, Fidula, Boppard, 1992:** Lied und Dänischer Tanz „Siebensprung“
	Wilfried Behrendt/Irmgard Krauthoff/Hans Vogel	**Musikus 3/4, Volk und Wissen Verlag, Berlin, 1994:** Märchenlied: „Hänsel und Gretel“ (volkstümlich) Märchenlied: „Dornröschen war ein schönes Kind“ Märchenoper: „Hänsel und Gretel“
	Engelbert Humperdinck/ Catherine Storr/Annabel Spenceley (Hrsg.)	**Hänsel und Gretel. Die Märchenoper als Bilderbuch mit Musik, Bärenreiter Verlag, Kassel, 1992.**
29./30.	Rolf Zuckowski	**Rolfs Top 100, Polydor, 2007:** „Stups, der kleine Osterhase“
	Manfred Grote	**Mein Liederbuch, Volk und Wissen Verlag, Berlin, 2002:** „Wo sind bloß die Ostereier?“
	Wilfried Behrendt/Irmgard Krauthoff/Hans Vogel	**Musikus 1/2, Volk und Wissen Verlag, Berlin, 1997:** Sorbisches Tanzlied: „Zagraj nam reiku“
31.	Gerda Bächli	**Traumschiffchen, Musik Vision, Küsnacht, 2002:** „Schneeglöckchen“
	Gerda Bächli	**Zirkus Zottelbär, Verlag Musikhaus Pan AG, Zürich, 2002:** „Blumenlied“ Lied: „Gänseblümchen, zart und fein“ (mündlich überliefert)
32./33.	Annina Hartung (Hrsg.)	**Singen macht Spaß – Lieder für Vorschulkinder, Herrmann Luchterland Verlag, München, 1991:** Lied: „Käfer, du gefällst mir sehr“ (Text: Barbara Henze; Musik: Manfred Roost)
34.	Björn Tischler	**Einfach tierisch, Fidula, Boppard, 1998:** „Karneval der Tiere“ (Camille Saint-Saëns)
35.	Björn Tischler	**Einfach tierisch, Fidula, Boppard, 1998:** „Karneval der Tiere“ (Camille Saint-Saëns)
	Rolf Zuckowski	**Rolfs Vogelhochzeit – Eine Geschichte in 12 Liedern und Bildern, Polydor, Hamburg, 1977:** Lied: „Alle Vögel sind schon da“ (Volksweise) Lied: „Die Vogelhochzeit“ (Volksweise)
	Anna Fischer-Olm	**Mit schöner Sprache durch das Jahr, verlag modernes lernen, Borgmann KG, 2003:** „Ein Vöglein flog zum Pflaumenbaum“
36.	Detlev Jöcker	**Und weiter geht's im Sauseschritt, Menschenkinder Verlag, Münster, 1994:** „Tanzlied der Tiere“

Woche	Autor/Hrsg.	Titel
	Hans Vogel/Andreas Unterumsberger Björn Tischler	**Mein Liederkästchen, Volk und Wissen Verlag, Berlin, 1992:** „Wer das Abc gelernt" Lied: „Onkel Paul wohnt auf dem Land" **Einfach tierisch, Fidula, Boppard, 1998:** „Hühner und Hähne" aus dem „Karneval der Tiere" (Camille Saint-Saëns) „Ei, ei, ei, ihr Hühnerchen" (Volksweise)
37.	Rolf Zuckowski	**Rolfs Top 100, Polydor, 2007:** „Mein Weg zur Schule ist nicht schwer" nach der Melodie zu „Onkel Paul wohnt auf dem Land"
38.	Manfred Grote Hans Vogel/Andreas Unterumsberger	**Mein Liederbuch, Volk und Wissen Verlag, Berlin, 2002:** „Alle Kinder lernen lesen" **Mein Liederkästchen, Volk und Wissen Verlag, Berlin, 1992:** „Wer das Abc gelernt"
39./40.	Eric Carle/Ludger Edelkötter	**Die kleine Raupe Nimmersatt, Karussell Musik & Video GmbH Hamburg, 1999**

Beschreibung wiederkehrender Spiele und Übungen

Das Prinzip der wiederkehrenden Übung wird im Material insofern beachtet, als dass einige Spiele, Übungen und Lieder in variierter Form mehreren Wochen zugeordnet sind. In den Wochenbeschreibungen sind die Namen der Übungen immer fett gedruckt:

Name der Übung	Beschreibung	Woche
Buchstabensuche	Die Kinder bekleben den Umriss der großen, gedruckten Buchstaben- oder Ziffernform mit aus Zeitschriften ausgeschnittenen Buchstaben oder Ziffern.	alle Buchstaben- und Ziffernformen
Flüsterspiel	Alle Kinder legen den Kopf auf den Tisch. Die Augen sind geschlossen. Der Name eines Kindes (einer Obstsorte o. Ä.) wird von der Lehrkraft geflüstert. Das betreffende Kind hebt den Kopf und darf den nächsten Namen flüstern.	Namen, Obst- und Gemüse, Fasching, Zoo- und Bauernhoftiere
Merkspiel hier meist das sogenannte Kim-Spiel	Verschiedene Gegenstände werden in der Mitte des Sitzkreises ausgelegt. Ein Kind verlässt den Kreis oder dreht sich um. Ein (oder zwei Gegenstände) werden weggenommen. Das Kind wird wieder gerufen und muss den verschwundenen Gegenstand erraten.	Formen, Obst und Gemüse, Reimwörter, Fasching, Ostern, Zoo- und Bauernhoftiere
Nachsprechübung als wiederholendes, rhythmisiertes Sprechen von Wort- bzw. Satzvorgaben	Die Lehrkraft spricht ein Wort oder einen Satz deutlich und in Silben gegliedert vor (das Gliedern geschieht durch Klatschen oder Anschlagen z. B. der Klanghölzer). Im Anschluss sprechen alle in veränderter Form nach.	Namen, Monatsnamen, Tiere im Zoo, Vögel
Platzspiel wie „Mein rechter, rechter Platz ist leer"	Die Kinder erhalten verschiedene Gegenstände oder Abbildungen (z. B. verschiedene Formen) und nennen beim Spiel nicht den Namen des Kindes, sondern die entsprechende Form: „Ich wünsche mir den großen, blauen Kreis."	Formen, Obst und Gemüse, Fasching, Ostern, Zoo- und Bauernhoftiere
Raupenspiel bei Reimwortpaaren	Alle Bildkarten werden wie eine Raupe ausgelegt, wobei Wörter, die sich reimen, nicht zu weit voneinander entfernt sein sollten. Es wird mit dem Würfel gewürfelt und der	Reimwörter, Wörter mit gleichem Anlaut, Tiereltern und Tierkinder

Name der Übung	Beschreibung	Woche
	Spielstein entsprechend der Augenzahl gesetzt. Jetzt wird das Reimwort gesucht. Der Spielstein darf nun entweder vorrücken oder muss zurückgesetzt werden.	
Silben zählen	Das Zählen der Silben eines Wortes gelingt den Kindern durch Klatschen höchstens bei bis zu dreisilbigen Wörtern. Steigt die Silbenzahl eines Wortes, ergeben sich oft Schwierigkeiten, weil sich die Anzahl der geklatschten Silben gar nicht gemerkt wird. Deshalb ist es günstiger, die Kinder heben für jede Silbe einen Finger und zählen diese. Auch das Ausmalen von Punkten entspricht diesem Prinzip.	Namen, Obst und Gemüse, Nüsse, Fasching, Tiere im Zoo
Sprach- und Bewegungsspiel „Was habe ich gemacht?“	Die Erzieherin oder Lehrerin macht eine Bewegung mit einem rechten oder linken Körperteil vor. Das Kind kommentiert: „Du hast mit dem rechten Fuß gestampft.“ Später übernehmen die Kinder das Vormachen.	Rechts und links, Schuhe, Mengen
Tastübung	Den Kindern wird erklärt, dass sie nicht sofort rufen, welchen Gegenstand sie ertastet haben. Zunächst werden Merkmale des Fühlmaterials zusammengetragen. Die zu erfühlenden Gegenstände werden den Kindern in die hinter dem Rücken aufgehaltenen Hände gelegt. Während des Rundgangs kann das Lied: „Fühl mal“ von Gerda Bächli gesungen werden.	Formen, Apfel, Obst und Gemüse, Herbst, Nüsse, Ostern
Weitergeben als Koordinations- und Konzentrationsübung	Die Kinder sitzen dicht beieinander im Kreis, halten ihre linke Hand wie eine Schale auf. Die rechte Hand ist der Kran, wird zunächst nach oben geführt, greift sich nun den Gegenstand aus der eigenen linken Hand und legt diesen dann in die linke Hand des rechten Nachbarn usw.	Äpfel, Herbst (Kastanien, Eicheln), Nüsse, Winter, Ostern

Lautzeichen:

Am Sprachheilpädagogischen Förderzentrum Rostock werden diese Lautzeichen verwandt:

M – drei Finger liegen vor den geschlossenen Lippen
A – Daumen und Zeigefinger im weiten Winkel in Mundhöhe halten
I – Zeigefinger tippt leicht oben auf den Kopf
O – Zeigefinger fährt einmal um den Mund herum

Kommentare zum Schreiben der Ziffern:

1 – schräg auf, gerade runter
2 – Bogen, schräg ab, gerade rüber
3 – Bogen, Stopp, Bogen
4 – schräg ab, gerade rüber, gerade runter
5 – gerade runter, Bogen, gerade rüber
6 – Bogen und Kreis
7 – gerade rüber, schräg ab, Strich
8 – rechter Bogen, linker Bogen (zweimal)
9 – linker Bogen, Kreis, gerade runter, Bogen

Beobachtungsbogen für die Beratung

Name des Kindes: ____________________

Schwerpunkt	Beobachtung
Vorschreibübungen	Feinmotorik (Strichführung): Händigkeit: Stifthaltung:
Sprache	Lautbildung: Grammatik: Wortschatz: Redefluss:
Vorerfahrungen für den Schriftspracherwerb	Reimbildung: Silbengliedern: Anlauterkennung:
Entwicklung mathematischer Fähigkeiten	Lageorientierung: Mengenvorstellung: Merkfähigkeit:
Wahrnehmung	optische Differenzierung: akustische Differenzierung: melodische Differenzierung: rhythmische Differenzierung:
Arbeitsweise	Konzentration: Belastbarkeit:

Thema: Namen

Material:

- Namenkarten der Kinder
- verschiedene Buchstabenkärtchen
- Klanghölzer
- Vorlage „Nachsprechübung“
- AB 1a/1b
- Bewegungslied: „1, 2, 3 im Sauseschritt“
- Mit- und Nachmachlied: „Schaut euch nur die (Doris) an …“

Inhalte/Umsetzung:

- Kennenlernen der anderen Vorschulkinder **AB 1a**
  - Gliedern des eigenen Namens in Silben durch Klatschen oder durch Anschlagen der Klanghölzer
  - Anlaut des eigenen Namens nennen
  - **Nachsprechübung*:**
    - Ein Kind spricht: „Ich hei-ße Mar-tin“ und klatscht dazu oder schlägt die Klanghölzer an.
    - Alle Kinder wiederholen: „Er heißt Mar-tin“ und klatschen ebenfalls dazu oder schlagen die Klanghölzer an.
  - Spiel: „Mein rechter, rechter Platz ist leer …“
  - Ratespiel:
    - Kleidung oder Details an der Kleidung werden benannt.
    - Das Kind, welches den Namen kennt, ist als nächstes an der Reihe.
  - Den Namen der Kinder täglich abfragen – dazu für jeden schon bekannten Namen Punkte vergeben.
  - **Flüsterspiel** zur Festigung der Namen:
    - Alle Kinder legen den Kopf auf den Tisch – die Augen sind geschlossen.
    - Der Name eines Kindes wird von der Erzieherin oder Lehrerin geflüstert.
    - Das betreffende Kind hebt den Kopf und darf den nächsten Namen flüstern.
- Vorschulkinder kennen ihren geschriebenen Namen. **AB 1b**

Musik/Bewegung:

- Bewegungslied: „1, 2, 3 im Sauseschritt“ (Text: Lore Kleikamp; Melodie: Detlev Jöcker) – ist ideal zur Auflockerung und zum Lernen der Namen geeignet.
- Mit- und Nachmachlied: „Schaut euch nur die (Doris) an …“ (Text und Melodie: Anna Fischer-Olm)
- Arbeit mit den Klanghölzern
  - Handhabung der Klanghölzer
  - Stille- und Konzentrationsübung: Die Kinder sitzen im Kreis, ein Kind schlägt die Klanghölzer an und blinzelt einem anderen Kind zu, dieses Kind schlägt erneut das Instrument an und blinzelt dem nächsten Kind im Kreis zu.
  - Leichte Rhythmen in der Runde weitergeben.

Hilfreiches:

Die ***Nachsprechübung** ist eine geeignete Sprechübung, die sowohl der Silbengliederung dient als auch die Satzbildungsfähigkeit trainiert. Im Verlauf des Jahres finden sich immer wieder Anlässe, in denen dieses Spiel zum Einsatz kommt.

Die 2. Woche

Thema: Farben

Material:

- Federmäppchen der Kinder mit Inhalt
- Farb- bzw. Bildkarten
- Farbpunkte
- AB 2a/2b/2c
- Lied: „Das Farbenlied“
- Lied: „Grün, grün, grün sind alle meine Kleider“ (Volkslied), S. 117

Inhalte/Umsetzung:

- Inhalt der Federtasche **AB 2a**
  - Stiftarten (Bleistift, Buntstift, Filzstift) und übrige Arbeitsmittel aus der Federtasche benennen
  - einzelne Stifte nach Ansage der Farbe und Stiftart zeigen
  - Stiftart und Farbe benennen
  - Merk- und Sprachverständnisübungen/erste Mengenübungen:
    - „Legt den roten und den blauen Buntstift auf den Tisch!“ – Diese Übung ist auch mit drei verschiedenen Farben möglich.
    - „Legt zwei Buntstifte und drei Filzstifte auf den Tisch!“ – Die Anzahl wird variiert.
    - „Legt mehr/weniger Filzstifte als Buntstifte auf den Tisch!“ oder „Liegen nun mehr oder weniger Bleistifte auf dem Tisch?“
- Schultüte **AB 2b**

Musik/Bewegung:

- Lied: „Das Farbenlied“ (Text: Heinz Beckers; Melodie: Detlev Jöcker) **AB 2c**
  - Dreimaliges Klatschen (später Klanghölzer anschlagen) zu den Textstellen: „Rot, rot, rot“ und „Wer kennt mehr?“
  - Malen des Liedtextes zur optischen Unterstützung und zum besseren Einprägen eines Liedes.
- Lied: „Grün, grün, grün sind alle meine Kleider“ (Volkslied) eignet sich sowohl für das Festigen der Farbkenntnisse als auch für eine Auflockerungsübung.
  - Farb- oder Bildkarten (Jäger, Feuerwehrmann usw.) werden an je zwei bis drei Kinder verteilt, beim Singen der jeweiligen Strophe machen die entsprechenden Kinder einen kleinen Spaziergang oder erledigen eine Aufgabe z. B. das Holen oder Wegbringen ihres Federmäppchens.
  - Im Laufe des Jahres kann diese Gestaltungsform immer wieder für „zwischendurch“ verwendet werden – dann benutzt man kleine Farbpunkte, die man schnell an die Kinder verteilt.

Hilfreiches:

Im Mittelpunkt der ersten beiden Wochen stehen natürlich zunächst das Besser-Kennenlernen der anderen Kinder sowie der Gebrauch der wichtigsten Arbeitsmittel. In diagnostischer Hinsicht bieten sich (neben der groben Einschätzung von sozialen und kognitiven Kompetenzen) viele Beobachtungsanlässe zu individuellen Fähigkeiten wie z. B. Sprachverständnis, rhythmische und melodische Differenzierungsfähigkeit, Stifthaltung (Händigkeit), feinmotorische Fertigkeiten, Farb- und Mengenkenntnisse und Merkfähigkeit.

Thema: Jahreszeiten und Monate

Material:

- Tonpapier und Bildmaterial für den Bau der Jahresuhr
- Schere, Klammer, Kleber
- Vorlage „Nachsprechspiel“
- AB 3/4
- Lied: „Die Jahresuhr“ (Rolf Zuckowski)
- Lied: „Wer im Januar geboren ist …“, S. 122

Inhalte/Umsetzung:

- Jahreszeiten **AB 3/4**
  - Reihenfolge der Jahreszeiten bestimmen (dazu Bilder ausschneiden)
  - Merkmale der Jahreszeiten mit Hilfe der Bilder beschreiben (zunächst täglich eine Jahreszeit vornehmen)
  - Bäume den Jahreszeiten zuordnen
  - Jahresuhr bauen
- Monatsnamen
  - **Nachsprechspiel** mit Monatsnamen
  - Geburtstage der Kinder zuordnen
  - Jahresuhr vervollständigen

Musik/Bewegung:

- Lied: „Es war eine Mutter“ (Volksweise) **AB 3/4**
  - Höraufgabe: „Was bringt uns der Frühling, der Sommer …“
  - Vergrößerte und als Umhängekarte gestaltete Jahreszeitenbilder zuordnen.
  - Tanzform: 4 Gruppen zusammenstellen
    - 1. Strophe: verbeugen
    - 2. Strophe: drehen
    - 3. Strophe: klatschen und drehen
- Lied: „Die Jahresuhr“ (Rolf Zuckowski) ist zur Festigung der Monatsnamen und deren Reihenfolge bestens geeignet.
- Bewegungs- bzw. Mitmachlied: „Und wer im Januar geboren ist, tritt ein …“ (Volksweise)

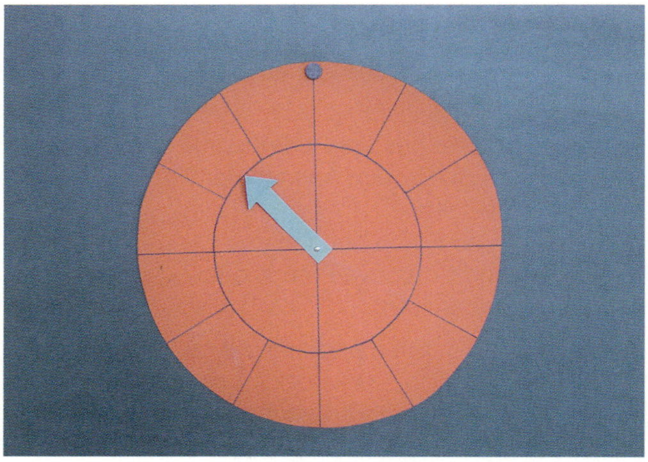

Hilfreiches:

Zum Bau der Jahresuhr für das Klassenzimmer werden ein Bogen Tonpapier im Format DIN A3 sowie Bildmaterial zu den Jahreszeiten und Monaten benötigt:

- Einen im Durchmesser mindestens 60 cm großen Kreis und einen Zeiger aus Tonpapier schneiden.
- Mittig einen Innenkreis zeichnen, der im Durchmesser etwa 30 cm groß sein sollte.
- Diesen Kreis in vier Teile teilen; in die entstandenen Viertel die Bilder, auf denen die Jahreszeiten dargestellt sind, kleben.
- Bilder, die den Monaten zugeordnet sind, gleichmäßig außerhalb des Innenkreises verteilen.
- Den Zeiger mit Hilfe einer Klammer drehbar in der Mitte befestigen.

Die 5. Woche

Thema: Wochentage

Material:

- Material für die Wochentafel und eine Klammer
- Tonpapier, Papier, verschiedene Stifte, Seil, Schere, Kleber
- AB 5a/5b
- Lied: „Laurentia, liebe Laurentia mein“, S. 120

Inhalte/Umsetzung:

- Wochentage
  - Gedicht: „Die Wochentage“ (Verfasser unbekannt) **AB 5a**
  - Herstellen einer Wochentafel – bildliche Darstellungen nutzen, um das Erlernen der Wochentagsnamen zu erleichtern
    - Montag – Mond
    - Dienstag – Dino
    - Mittwoch – Mitte
    - Donnerstag – Donner
    - Freitag – Freibad
    - Samstag/Sonntag – Sonne
  - Besonderheiten des Tages über eine Woche aufzeichnen **AB 5b**

Musik/Bewegung:

- Mitmachlied: „Laurentia, liebe Laurentia mein …“ (Volksweise)

Hilfreiches:

Die Zeit ist reif für einen Elternabend. Nach den ersten Wochen bietet sich die Möglichkeit, über die Startphase in der Vorschulgruppe zu informieren, inhaltliche Orientierung zu geben und Materialien vorzustellen.

Das Erlernen der Wochentage gibt Anlass, das „morgendliche Ritual“ zu erweitern. Nach dem Singen eines Begrüßungsliedes oder dem Sprechen eines Tagesspruchs kann nun ein Kind den Wochentag nennen. Die anderen Kinder wiederholen. Beim Vor- und Nachsprechen wird immer zu den Silben geklatscht. An der

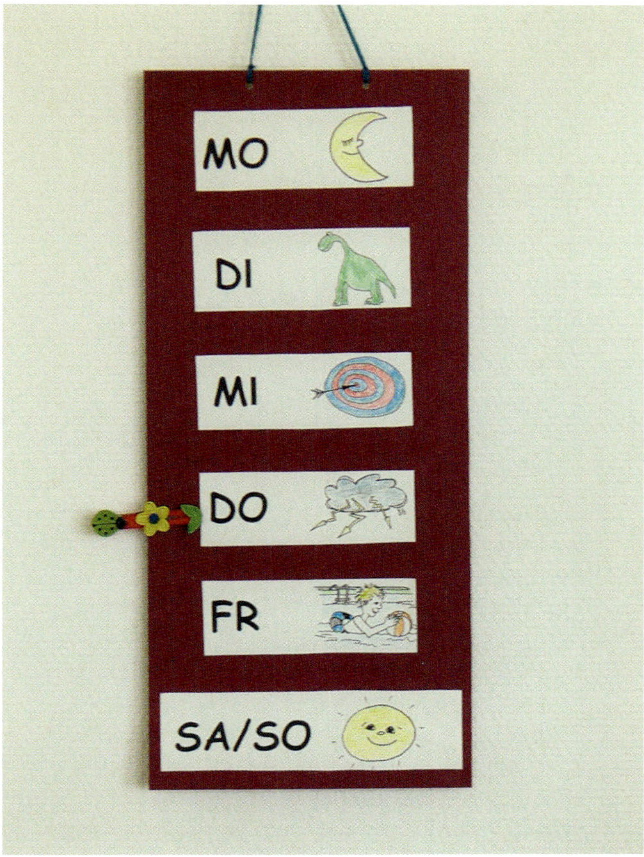

Wochentafel wird der Wochentag durch das Heften einer Klammer angezeigt. Diesen Gang übernimmt das „Wochenkind“, welches zudem während der ganzen Woche mit einer besonderen Aufgabe betraut wird.

Thema: Formen

Material:

- verschiedengroße und -farbige Formen aus Tonpapier
- Legematerial (Holzformen, Stäbchen, Seile, Kordel, Muggelsteine o. Ä.)
- Vorlage „Merk-Platz-Spiel“
- Vorlage „Tast-Fühlübung“
- Ruhige, aber beschwingte Musik auf CD
- Klammerbänder
- AB 6a/6b
- Bewegungslied: „Kopf und Schultern“, S. 119
- eventuell Sonnenblumenkerne

Inhalte/Umsetzung:

- Begriffe „rund“ und „eckig“ besprechen **AB 6a**
- Formen und Farben (Kreis, Dreieck, Viereck) kennenlernen
  - **Tast- bzw. Fühlübung**
    - kleine Holzformen tasten
    - Form auf den Rücken der Kinder malen und raten lassen
  - unterschiedlichste Formen den drei Grundformen zuordnen und die wesentlichen Merkmale herausstellen (Viereck = 4 Seiten und 4 Ecken)
  - Formen im Raum, in der Umgebung oder aus dem Alltag finden
  - **Merk- oder Platzspiele** mit verschieden großen und farbigen Formen
  - Legen von Formen mit unterschiedlichen Materialien (Stäbchen, Seile, Muggelsteine usw.)
  - Kinder stellen selbst entsprechende Form nach (Vier Kinder liegen auf dem Teppich wie ein Viereck.)
  - Formen puzzeln **AB 6b**

Musik/Bewegung:

- Spiel „Feuer, Wasser, Sturm“ in veränderter Form – statt „Feuer, Wasser oder Sturm“ wird „Kreis, Dreieck oder Viereck“ gerufen. Die Spielerklärung finden Sie anbei.
- Bewegungslied für Zwischendurch: „Kopf und Schultern“ (aus England)
  - langsames, schnelles, lautes und leises Singen des Liedes

Hilfreiches:

Zu Beginn der Woche wird zunächst nur mit den Begriffen „rund“ oder „eckig“ gearbeitet. Da der Sommer noch nicht ganz vergangen ist, eignet sich als Einstieg die Erarbeitung der Bedeutung „rund“ ausgehend von der Form der Sonnenblume.

- Merkmale des Sommers benennen (Wetter, Kleidung, Tiere, Spielmöglichkeiten, Pflanzen)
- Aufbau, Form und Farbe der Sonnenblume
- Sonnenblumenkerne suchen, knacken und kosten

Nachfolgend wird der Begriff „eckig“ als Gegenteil von „rund“ eingeführt und erst später finden die Bezeichnungen „Kreis, Dreieck und Viereck“ Verwendung.

Klammerbänder (ein Band für den Hals, wobei an beiden Enden eine Klammer angebunden wird) eignen sich gut, um beim **Platzspiel** den Kinder schnell z. B. die Formen umzuhängen.

Spiel „Kreis, Dreieck oder Viereck?“

Die Kinder gehen zu ruhiger, aber beschwingter Musik im Raum herum. Bei Musikstopp wird eine Form genannt. Die Kinder gehen dorthin, wo die Form im Raum zu finden ist (runder Spiegel). Zuvor können zusätzlich Formen im Raum ausgelegt werden.

Die 7. Woche

Thema: A – wie Apfel

Material:

- Äpfel
- Bildkarten für Auswahl von A-Wörtern
- Kinderzeitschriften
- Vorlage „Lautzeichen“
- Vorlage „Tastübung“
- Vorlage „Weitergeben“
- Vorlage „Buchstabensuche“
- AB 7a/7b
- Lied: „In einem kleinen Apfel“, S. 119

Inhalte/Umsetzung:

- Spiele mit Äpfeln
  - **Tastübung*:** Die Kinder erhalten versteckt hinter ihrem Rücken einen Apfel.
  - **Betrachten und genaues Beschreiben** eines Apfels:
    - Jedes Kind beschreibt seinen Apfel ganz genau – gibt es Flecken, Löcher, Stellen, Wurmfraß?
    - Alle Äpfel werden abgelegt und durcheinander gerollt.
    - Die Kinder sollen nun ihren Apfel wiederfinden.
  - Apfelwörter finden – zusammengesetzte Wörter mit Apfel suchen und diese Wörter erklären
- A wie Apfel **AB 7a und AB 7b**
  - Lautzeichen zeigen (Theorieteil)
  - Buchstaben A im Suchbild finden (optische Differenzierung)
  - Wörter mit A im Anlaut finden (phonematische Differenzierung)
  - Namen der Kinder auf Vorhandensein des Lautes A untersuchen
  - **Buchstabensuche**: den Umriss der großen gedruckten Buchstabenform mit aus Zeitschriften ausgeschnittenen Buchstaben bekleben
- Geschicklichkeitsspiel: **Weitergeben***
  - Die Kinder sitzen dicht beieinander im Kreis, halten ihre linke Hand wie eine Schale auf – die rechte Hand ist der Kran, sie wird zunächst nach oben geführt, greift sich nun den Apfel aus der eigenen linken Hand und legt diesen dann in die linke Hand des rechten Nachbarn.

Musik/Bewegung:

- Lied: „In einem kleinen Apfel“ (Text: Volkstümlich; Melodie: Wolfgang Amadeus Mozart)
  - Apfel quer aufschneiden und Kerngehäuse untersuchen
- Auflockerungsübung: „Äpfel pflücken“ – strecken, nach gedachten Äpfeln greifen, bücken und sie in einen Korb legen

Hilfreiches:

Zahlreiche Übungsvorschläge zur optischen und phonematischen Differenzierung aller Vokale sind bei Eck, Cordula/Maurach, Jutta/Schwaighofer, Alexandra: „Buchstaben erarbeiten: a, e, i, o, u“ zu finden.

***Tastübung:** Den Kindern wird erklärt, dass sie nicht sofort rufen, welchen Gegenstand sie ertastet haben. Zunächst werden Merkmale des Fühlmaterials zusammengetragen.

***Weitergeben:** Hier ist Übung gefragt! Dieses Spiel verlangt von den Kindern hohe Konzentration und eine gewisse Koordinierungsfähigkeit. Es kann auch mit anderen Dingen gespielt werden (Kastanien, Nüsse, Eier).

Thema: Herbst

Material:

- Kastanien, Eicheln, Hagebutten usw.
- Bilder und Bildkarten zu Herbstgeräuschen
- Instrumente
- Vorlage „Tastübung"
- Vorlage „Weitergeben"
- AB 8
- Lied: „Wenn der frische Herbstwind ..."
- Lied: „Kastanienlied"
- Lied: „Ich geh mit meiner Laterne", S. 118

Inhalte/Umsetzung:

- Spiele und Übungen im Herbst
  - **Tastübung** mit Kastanie, Eicheln und anderen Naturmaterialien
  - **Betrachten und genaues Beschreiben** einer Kastanie:
    - Jedes Kind beschreibt eine Kastanie ganz genau: Gibt es Flecken, Löcher, Beulen, Rillen?
    - Alle Kastanien werden abgelegt und durcheinander gerollt.
    - Die Kinder sollen ihre Kastanie wiederfinden.
  - Spiel: **Weitergeben**
    - Die Kinder sitzen dicht beieinander im Kreis, halten ihre linke Hand wie eine Schale auf, darin liegt die Kastanie.
    - Die rechte Hand ist der Kran, wird zunächst nach oben geführt, greift sich nun die Kastanie aus der eigenen linken Hand und legt diese dann in die linke Hand des rechten Nachbarn.
- Gedicht: „Mein Drachen" (Walter Krumbach) **AB 8**
  - Das Gedicht vortragen und dazu an der Tafel das Bild vom Drachen entstehen lassen – später auf dem Arbeitsblatt wiederholen.
  - Reimwörter finden lassen.
  - Das Gedicht mit Hilfe von darstellenden Bewegungen erarbeiten.
  - Den Drachenschwanz nach Vorgabe gestalten.

Musik/Bewegung:

- Lied: „Wenn der frische Herbstwind ..." (Text: Albert Sixtus; Melodie: Richard Rudolf Klein)
- Lied: „Kastanienlied" (Gerda Bächli)
- Lied: „Ich geh mit meiner Laterne" (Volksweise)
- Merkübung zu Geräuschen im Herbst:
  - Vier Bilder für jedes Kind (Specht, Blätter, Wind, Regen)
  - Instrumente verdeckt anschlagen (Anzahl steigern)
  - Entsprechende Bildkarten legen lassen
    - prasseln - Regen (Rassel oder Regenmacher)
    - klopfen - Specht (Klanghölzer)
    - pfeifen - Wind (über die Trommel mit Fingernägeln streichen)
    - rascheln - Blätter (rascheln mit Plastiktüten)

Hilfreiches:

Gedichte werden grundsätzlich unter dem Einsatz von darstellenden Bewegungen erarbeitet, um sich den Inhalt besser einprägen zu können.

Die 9. Woche

Thema: Rechts und links

Material:

- Legematerial (Stäbchen, Applikationen für die Hand des Kindes)
- Pinsel, Triangel, Klebepunkte
- Vorlage „Sprach- und Bewegungsspiel“
- AB 9
- Lied: „ Das Zappellied“
- Lied: „Ich bin ein kleiner Hampelmann“, S. 118

Inhalte/Umsetzung:

- Übungen zu den Begriffen „rechts“ und „links“
  - Den Name des rechten oder linken Nachbarkindes nennen
  - Pinselübung zur taktilen Wahrnehmung:
    - Die Kinder halten die Augen geschlossen.
    - Den rechten oder linken Arm bestreichen.
    - Das Kind nennt die Seite.
  - Triangelübung zur akustischen Wahrnehmung:
    - Die Kinder halten die Augen geschlossen.
    - Die Triangel wird rechts oder links des Kopfes kurz angeschlagen.
    - Das Kind nennt die Seite.
  - Legeübungen (6 Stäbchen für ein Haus, Vierecke für den Schornstein, die Tür und das Fenster, Applikationen für die Kinderhand wie Auto, Katze o. Ä.):
    - ein Haus mit Stäbchen legen
    - einen Schornstein rechts auf das Dach legen, das Auto links neben das Haus legen usw.
  - Festigung der Begriffe **AB 9**

Musik/Bewegung:

- Bewegungslied: „Das Zappellied“ (Text: Lore Kleikamp; Melodie: Detlev Jöcker) mit Ergänzung von Strophen wie: „Ich hocke mich links neben meinen Stuhl, trali-trala-tralim …“
- Bewegungslied: „Ich bin ein kleiner Hampelmann, der Arm und Bein bewegen kann“ (Verfasser unbekannt)
- **Sprach- und Bewegungsspiel:** „Was habe ich gemacht“ – gut geeignet, um gezielt die Sprechweise der Vorsilbe ge- bei Verben in der Perfektform zu üben.
  - Die Erzieherin macht eine Bewegung mit einem rechten oder linken Körperteil vor.
  - Das Kind: „Du hast mit dem rechten Fuß gestampft“.
  - Später übernehmen die Kinder das Vormachen.

Hilfreiches:

Das Wochenthema bietet Gelegenheit zur Beobachtung der räumlichen Orientierung, der Lateralität sowie der Fähigkeit des Überkreuzens der Körpermitte. Hilfreich ist die Kennzeichnung der rechten Seite durch einen kleinen Klebepunkt (rot wie rechts) auf den Tischen der Kinder (nur diese Seite – die andere ergibt sich). Die Markierung sollte gleich zu Beginn der Woche angebracht werden, da den Kindern die Seitenunterscheidung mitunter sehr schwer fällt.

Thema: I – wie Igel

Material:

- Kinderliteratur zum Igel
- Bildkarten für Auswahl von I-Wörtern
- Lege- oder Steckmaterial
- Vorlage „Buchstabensuche"
- Vorlage „Lautzeichen"
- AB 10a/10b/10c
- Lied: „Der Igel"

Inhalte/Umsetzung:

- Igel – Aussehen und Lebensweise
  - Zusammentragen der Kenntnisse über die Lebensweise des Igels durch die Kinder
  - Nutzen von Kinderliteratur, Zeitschriften und Nachschlagewerken
  - Nahrung des Igels **AB 10a**
  - Zusammenhängendes Berichten nach Bildvorgabe **AB 10b**
- I wie Igel
  - Lautzeichen zeigen
  - **Buchstabensuche**
  - Wörter mit I im Anlaut finden
  - Namen der Kinder auf Vorhandensein des Lautes I untersuchen
- Zahl und Ziffer 1
  - Gegenstände im Raum suchen, die nur einmal da sind
  - Würfelbild beschreiben
  - Legen und Stecken der Ziffer
  - Optische Differenzierungsübung zur Schreibweise der Ziffer
  - Ziffer schreiben (Kommentar: 1 – schräg auf, gerade runter) **AB 10c**

Musik/Bewegung:

- Lied: „Der Igel" (Text und Melodie Irmgard Krauthoff)
  - Begleiten des Grundrhythmus mit Klanghölzern
  - Textbegleitendes Festigen der Kenntnisse über den Igel
- Konzentrations- und Stilleübung: Igelstachelspiel
  - Ein Kind kauert sich in die Mitte des Sitzkreises, über dieses Kind wird eine Decke gelegt, an der Decke werden Klammern (Stacheln) befestigt.
  - Die Kinder versuchen nun reihum, dem Igel die Stacheln zu stehlen (vorsichtig eine Klammer von der Decke lösen).
  - Bemerkt der Igel eine Berührung, muss er sich schütteln und die jeweilige Klammer wird wieder angebracht.

Hilfreiches:

Als Alternative zur Bearbeitung von Suchbildern lassen sich Buchstaben- und Ziffernformen variationsreich gestalten. Dazu wird der Umriss des betreffenden Buchstabens oder der Ziffer gezeichnet oder gedruckt:

- Buchstaben oder Ziffern in Zeitschriften ausschneiden und aufkleben oder
- Form mit bunten Schnipseln auskleben oder mit eingefärbten Korken ausstempeln.

Die 11. und 12. Woche

Thema: Obst und Gemüse

Material:

- Obst und Gemüse
- Umhängekarten mit Obst- und Gemüse-bildern
- Applikationen von Äpfeln (Bäume, Körbe oder Schalen für Legeübung)
- Prospekte aus der Tagespost
- Vorlage „Merk-, Platz-, Flüsterspiel"
- AB 11/12a, b, c
- Bewegungslied: „1, 2, 3 im Sauseschritt"

Inhalte/Umsetzung:

- Obst und/oder Gemüse
  - Obst- bzw. Gemüsesorten benennen, kosten, tasten
  - Ratespiel durch Beschreiben von Obst- bzw. Gemüsesorten (Farbe, Form, Geschmack usw.)
  - **Merk-, Platz-, Flüsterspiel** oder Memory mit Obst- bzw. Gemüsesorten
  - **Silbenzählen** in „Obst- oder Gemüsewörtern" **AB 11/12a**
  - Anlaute in „Obst- oder Gemüsewörtern" finden
  - Obst- und Gemüsesorten den beiden Obergriffen zuordnen (Obst in die Schale, Gemüse in den Topf)
  - Orientierungs- und Lageübung (Wiederholung rechts/links) **AB 11/12b**
- Arbeit mit Mengen: Begriffe „mehr" bzw. „viel" oder „wenig"
  - Legeübung mit Applikationen (für jedes Kind 6–8 Äpfel, einen Baum, einen Korb und/oder eine Schale): „Es sollen mehr Äpfel am Baum hängen, als im Korb liegen."
  - Wo liegen mehr Äpfel? **AB 11/12c**

Musik/Bewegung:

- Bewegungslied: „1, 2, 3 im Sauseschritt" (Text: Lore Kleikamp; Melodie: Detlev Jöcker) in variierter Form (statt der Namen werden Obst- oder Gemüsesorten gerufen, welche die Kinder als Umhängebildkarten tragen)
- Spiel: „Obstsalat"
  - Die Kinder stehen im Kreis und tragen Bilder von Obstsorten bei sich.
  - Zwei oder drei Obstsorten werden gerufen – die betreffenden Kinder tauschen die Plätze.
  - Wird das Wort „Obstsalat" gerufen, suchen sich alle Kinder einen neuen Platz im Kreis.

Hilfreiches:

Es gibt kaum ein eindeutiges Unterscheidungsmerkmal von Obst und Gemüse, welches für Kinder erklärbar wäre (der Gärtner weiß, dass Gemüsepflanzen meist einjährig sind). Deshalb bietet es sich an, zunächst Obst- bzw. Gemüsesorten getrennt zu behandeln und erst am Ende der zweiten Woche die Klassifizierung vorzunehmen. Als Hilfe für die Kinder hat sich die Einteilung nach „Topf" oder „Schale" bewährt – Gemüse wird oft gekocht und Obst wird gern roh gegessen. Angebotsprospekte eignen sich hier, um Bildmaterial vorzubereiten. Die Eltern können einbezogen werden, indem darum gebeten wird, an einigen Tagen Obst und an anderen Tagen Gemüse zum Frühstück mitzugeben.

Thema: Stationenarbeit zu Mengen und Ziffern am Beispiel der 2

Material:

- Magische Tafel
- Große Würfel mit tiefliegenden Punkten
- Lege- und Steckmaterial, Seile, Sand
- Tonpapier
- AB 13

1. Optische Differenzierungsübung zur Schreibweise der Ziffer

2. Legen oder Stecken der Ziffer

3. Abgehen der Ziffernform auf einem Seil

4. Schreiben der Ziffer in den Sand

5. Tastübung mit Würfel
   - Würfel mit etwas größerer Abmessung und gut zu fühlenden Punkten verwenden
   - Kinder ertasten das Würfelbild
6. Würfelbilder finden **AB 13**

Hilfreiches:

Das Arbeiten an Stationen kann wie beschrieben zur Festigung aller Ziffern genutzt werden. Der Stationsbetrieb sollte schrittweise und zunächst unter klaren Absprachen zur Organisation erarbeitet werden. Um den Wechsel zur nächsten Station anzukündigen, bietet sich ein Signal an (z. B. Triangelton). Die Wechselrichtung wird durch Pfeile (auf dem Boden) gekennzeichnet.

Für die Übung zur optischen Differenzierung wird eine „magische Tafel“ genutzt:

- Auf ein Blatt Tonpapier richtige und seitenverkehrte Zahlen schreiben.
- Tonpapier für die Tafel passend zuschneiden.
- Die Kinder schreiben nur richtig geschriebene Ziffern nach.
- Die Kontrolle erfolgt durch Anheben des Arbeitsblattes.

Die 14. und 15. Woche

Thema: Lagebeziehungen

Material:

- Stäbchen, Muggelsteine oder Punkte
- Applikationen für die Tafel
- Regal mit 6 Fächern
- Material für Stationentraining
- eventuell Laminiergerät
- AB 14/15a, b, c
- Mitmachlied: „Eine Mücke schwirrt durchs Zimmer“
- Lied: „Rechts und Links“
- Bewegungslied: „Drei Schritte rückwärts“

Inhalte/Umsetzung:

- Rechts oben oder links unten **AB 14/15a**
  - Regal mit 6 Fächern im Original oder als Tafelbild.
    - Regalfächer einzeln benennen (oben rechts, in der Mitte links usw.).
    - Die Regale mit verschiedenen Dingen (z. B. Papas Werkzeug) füllen.
  - Regal mit Stäbchen legen
    - Regalfächer durch einen Punkt einzeln kennzeichnen: „Lege den Punkt in das Fach oben rechts usw.“.
    - Die Lage der Gegenstände im Regal zeigen.
    - Merkübung: Das Tafelbild verdecken und die Lage der Gegenstände im Regal zeigen.
  - Regal mit 9 Fächern – Übungen wie oben **AB 14/15b**
    - Bingospiel: Kinder zeichnen einfache Symbole wie Dreieck, Sonne, Baum usw. in beliebige Felder ihres 9er-Regals. Die Erzieherin nennt nun nacheinander und langsam die Symbole. Die Kinder versehen das Feld, in dem sie das genannte Symbol finden, mit einem Kreuz. Stehen drei Kreuze waagerecht, senkrecht oder diagonal nebeneinander, darf das Kind „Bingo“ rufen.
  - Orientierungs- und Konzentrationsübung **AB 14/15c**
    - Vorübung: Felder finden (Belegen mit Muggelsteinen) und benennen.
      - Die Kinder belegen ein Feld nach Ansage: „Sonne 1“ oder „Baum 3“.
    - Übung: Die Kinder legen ihren Punkt im ersten Feld „Sonne 1“ ab. Nach Ansage wird der Punkt mehrmals verschoben (Anzahl und/oder Tempo steigern) „Eins rechts; zwei runter; eins links; eins hoch, zwei rechts usw.“. Die Kontrolle erfolgt durch das Benennen des Ankunftsfeldes.
- Einführung von Menge und Zahl 3
  - **Stationenarbeit** (wie beschrieben bei Menge und Ziffer 2)

Musik/Bewegung:

- Mitmachlied: „Eine Mücke schwirrt durchs Zimmer“ (Wolfgang Spode)
- Lied: „Rechts und Links“ (Rolf Zuckowski)
- Bewegungslied: „Drei Schritte rückwärts“ (Text: Lore Kleikamp; Melodie: Detlev Jöcker) – ideal für Zählübung und Mengenauffassung bis 3

Hilfreiches:

Eine lohnenswerte Anschaffung ist das Laminiergerät. Die Arbeitsblätter **AB 14/15b** und **14/15c** können so als Arbeitsmaterial für die Hand des Kindes angefertigt werden.

Thema: Reimwörter

Material:
- Materialien für die Liedgestaltung (Schuh, Stein, Gras, Blatt)
- Vorlage „Merkspiel“
- Vorlage „Raupenspiel“
- AB 16
- Lied: „Nanu, nanu – was hab ich denn im Schuh?“, S. 121

Inhalte/Umsetzung:

- Reimwörter **AB 16**
  - Ausgangspunkt bildet das gemeinsame Singen eines sehr einfachen, klar gegliederten Liedes mit eindeutigen Reimwortpaaren, wobei die Kinder das fehlende Reimwort immer selber finden sollen.
  - Begriff: „Reimwort“ als Wort, welches ähnlich klingt
  - **Merkspiel** oder Memory mit Reimwörtern
  - **Raupenspiel**: Alle Bildkarten werden wie eine Raupe ausgelegt, wobei Wörter, die sich reimen, nicht zu weit voneinander entfernt sein sollten. Es wird mit dem Würfel gewürfelt und der Spielstein entsprechend der Augenzahl gesetzt. Jetzt wird das Reimwort gesucht. Der Spielstein darf nun entweder vor- oder muss zurückgesetzt werden.

Musik/Bewegung:

- Lied: „Nanu, nanu, nanu – was hab ich denn im Schuh?“ (Verfasser unbekannt)
  - Reimwörter beim erarbeitenden Singen durch die Kinder finden lassen.
  - Den betreffenden Gegenstand in einem Schuh verstecken.
  - Lied mit Bewegungen gestalten:

• „Nanu, nanu, nanu“	– im Rhythmus auf die Oberschenkel patschen
• „was hab ich denn im Schuh“	– Fuß zeigen
• „das Ding ist ja ganz klein“	– mit den Fingern zeigen
• „ich glaub, es ist ein …“	– eine Hand öffnen

Hilfreiches:

Im Prozess der Sprachentwicklung lernen Kinder im Vorschulalter, dass der gesprochenen Sprache eine Lautstruktur zugrunde liegt. Sie lernen also Reime, Silben oder sogar einzelne Laute (Phoneme) in Wörtern herauszuhören. Die erlangte „**Phonologische Bewusstheit**“ stellt eine wichtige Voraussetzung für den Erwerb der Schriftsprache dar, denn im Leselernprozess müssen Kinder Wörter gliedern und Laute differenzieren können. In Vorschultests finden sich deshalb Aufgaben zum Reimen, zum Silbengliedern und zur Anlauterkennung.

Kindergartenkinder gehen mit Reimwörtern relativ spontan um. Gerne werden auf die Namen der Kinder Reime gebildet. Es ist deshalb nicht unbedingt wichtig, den Begriff „Reimwort“ zu kennen, sondern vielmehr so oft wie möglich zu reimen und zu dichten. Wann immer es möglich ist, können bei der Erarbeitung der Lied- und Gedichttexte die Reimwörter von den Kindern selbst gefunden werden.

Die 17. Woche

Thema: Advent

Material:

- Triangeln, Klangholz
- „Legematerial für Würfelbilder“:
  1 quadratisches Blatt Papier
  4 Muggelsteine oder Farbpunkte
- Weihnachtskalender
- Ausstechformen, Plätzchen-Rezept
- AB 17
- Lied: „Zünden wir ein Lichtlein an“
- Lied: „Lasst uns froh und munter sein“, S. 120
- Gedicht: „Advent, Advent, ein Lichtlein brennt“

Inhalte/Umsetzung:

- Vorweihnachtszeit und Weihnachtswörter
  - Aktivitäten zur Vorbereitung auf die Adventszeit in der Familie beschreiben
  - Weihnachtswörter beschreiben und raten
  - Täglich vom „Wochenkind“ den Inhalt des Weihnachtskalenders benennen lassen
  - Nikolausgeschenke benennen
  - Schrittfolge beim Plätzchenbacken erklären
  - Ausstechformen beschreiben und raten
- Zahl und Ziffer 4
  - 4 Kerzen im Advent **AB 17**
  - Gedicht: „Advent, Advent, ein Lichtlein brennt“ (volkstümlich)
  - Stationenarbeit (wie beschrieben)
  - Würfelbilder 1 bis 4 (kleines quadratisches Blatt und 4 Muggelsteine)
    - Würfelbilder nach Ansage legen
    - Hörübung: Verdeckt ein- bis viermal klopfen. Die Kinder legen die Anzahl als Würfelbild.
    - Spürübung: Ein- bis viermal auf den Rücken des Kindes tippen. Das jeweilige Würfelbild legen lassen.
  - Vor- und rückwärts zählen
    - zunächst grobmotorisch mit Zählschritten begleiten,
    - dann die Mengen optisch präsentieren (z. B. 4 Bausteine auslegen und wieder einsammeln).

Musik/Bewegung:

- Lied: „Zünden wir ein Lichtlein an“ (Text: Ursula Dörge)
  - einfache Begleitung mit Triangeln im Grundrhythmus
- Lied: „Lasst uns froh und munter sein“ (Volkslied)
  - gestaffelte Begleitung mit Klanghölzern, Klatschen und Triangeln

Hilfreiches:

Die Vorweihnachtszeit bietet eine Vielzahl an Möglichkeiten für Aktivitäten und Gespräche, in die alle Kinder gleichermaßen einbezogen werden können. In den Familien erleben die Kinder in dieser Zeit Ähnliches. Sprechanlässe und Gelegenheiten zur Wortschatzerweiterung ergeben sich wie von selbst und können bzw. müssen ausgeschöpft werden.

Thema: Weihnachten

Material:

- Utensilien für den Gedichtvortrag (Triangel, Kerze, Trommel, Klangholz, Sack, Ratsche)
- Weihnachtsbaumschmuck als Applikationen für die Tafel
- AB 18/19a, b, c
- Lied: „In der Weihnachtsbäckerei“
- Lied: „So viel Heimlichkeit“
- Lied: „Bald nun ist Weihnachtszeit“

Inhalte/Umsetzung:

- Gedicht: „Dezember“ (Ursula Barff)
  - Gedicht vortragen und mit passenden Geräuschen oder Gesten versehen:
    - Klingen – Triangel (leise)
    - Kerzenlicht – Kerze heben
    - Weihnachtsmann – Trommel
    - Anklopfen – Klanghölzer (leise)
    - Mitbringen – Sack heben
    - Tür – Ratsche
  - Bilder (vergrößern) an der Tafel den Gedichtzeilen zuordnen
  - Reimwörter finden lassen
  - Bilder zuordnen und aufkleben **AB 18/19a**
- Die Zahlen 1 bis 4
  - Einen Tannenbaum an die Tafel malen und mit unterschiedlichem Schmuckwerk schmücken (3 Kugeln, 2 Kerzen usw.)
  - Schneide- und Klebeaufgabe **AB 18/19b**
  - Hörverarbeiten und Gedächtnistraining (Merken von verschiedener Mengen und Farben mit steigender Anforderung) **AB 18/19c**

Musik/Bewegung:

- Lied: „In der Weihnachtsbäckerei“ (Rolf Zuckowski)
- Lied: „So viel Heimlichkeit“ (Lotte Schuffenhauer)
  - Gestaffelte Begleitung der Lieder mit Klanghölzern und Triangeln
- Lied: „Bald nun ist Weihnachtszeit“ (Text: Carola Wilke; Melodie: Hans Helmut)

Hilfreiches:

Während einer kleinen organisierten Weihnachtsfeier, auf der die Kinder mit einem Programm auftreten können, bietet sich natürlich auch die Gelegenheit, mit den Eltern in „mehr oder weniger“ entspannter Atmosphäre zusammenzutreffen. Eine Bastelarbeit, bei der Kinder und Eltern gleichermaßen einbezogen werden, sollte möglichst ohne großen Aufwand vorbereitet werden können und zügig zu Erfolgen führen (z. B. Kekshäuschen bauen oder Fenstersterne falten und kleben).

Die 20. Woche

Thema: Nüsse (um die Weihnachtszeit)

Material:

- Nüsse (verschiedene Sorten)
- Vorlage „Tastübung"
- Vorlage „Weitergeben"
- AB 20
- Märchen vom Nussknacker und Mäusekönig von E.T.A. Hoffmann
- Tanz: „Alunelul" – Kleine Haselnuss
- Textunterlegung und Melodie: „Habt ihr eine Nuss ...", S. 113
- Musik zum „Nussknacker" von Tschaikowsky

Inhalte/Umsetzung:

- Rund um die Nuss
  - **Tastübung „Nüsse"**: – Walnüsse hinter dem Rücken der Kinder in die Hände verteilen und beschreiben lassen
  - Nusssorten benennen, anschauen und auch kosten
  - Spiel: **Weitergeben**
- Silbensegmentierung in „Weihnachtswörtern" **AB 20**
  - Weihnachtswörter beschreiben und erraten
  - Anzahl der Silben dieser Wörter mit Nüssen legen
- Märchen vom Nussknacker und Mäusekönig von E.T.A. Hoffmann

Musik/Bewegung:

- Nusslied und -tanz: (Musik: Rumänischer Volkstanz „Alunelul" – Kleine Haselnuss, Textunterlegung: Barbara Holzapfel)
  - Die Melodie wird aufgenommen, jedoch zunächst nur geträllert.
  - Jedem Kind wird hinter dem Rücken eine Nuss in seine Hand gelegt.
  - Singspiel im Sitzkreis mit einer Nuss (Gestaltungsidee: Barbara Holzapfel):
    - A-Teil: Nuss kommt am Phrasenende schnell hinter dem Rücken hervor, klopft dreimal auf den Boden. Das geschieht viermal.
    - B-Teil: Nuss tanzt in den eigenen Händen geschickt hin und her und verschwindet am Ende wieder hinter dem Rücken.
  - Tanz mit zwei Nüssen (Tanzgestaltung: Barbara Holzapfel):
    - A-Teil: 4 Schritte zur Mitte und dreimal klopfen, 4 Schritte wieder zurück und dreimal klopfen.
    - B-Teil: Drehen am Platz und zu jedem zweiten Schritt die Nüsse gegeneinander klopfen.
- Rhythmische Geschicklichkeitsübungen mit einer Nuss
  - Nüsse tanzen dideldum,
    und wir drehn uns dabei.
    (Nuss in den Händen hin und her springen lassen und dabei drehen.)
  - Nüsse rollen dideldum,
    in den Händen rundherum.
    (Nuss zwischen den Handflächen rollen.)
  - Nüsse klingen wunderschön,
    wie ein Kreisel kann sie drehn.
    (Nuss auf den Boden klopfen und dann Kreisel drehen.)
  - Nüsse schütteln dideldum,
    drehn wir uns dabei herum.
    (Nuss in den hohlen Händen schütteln.)
  - Nüsse springen hop-la-hop,
    fang sie auf, geschickt und stopp.
    (Nuss nah am Boden fallen lassen – und immer wieder schnell auffangen.)
- Musik zum Märchen: „Der Nussknacker" (Peter Tschaikowsky)*
- Stilleübung: Für diese aus der Montessori-Pädagogik stammende Übung benötigt man eine möglichst runde Nuss und eine flache Schale (eventuell auch einen Teller) mit hohem Rand.
  - Die Schale wird mit der Nuss im Sitzkreis so weitergegeben, dass sich die Nuss immer in der Schale (dicht am Rand) dreht.

Hilfreiches:

Spiele, Lieder und Tänze mit Nüssen (wie auch mit anderen zum Herunterfallen neigenden Materialien) sollten zunächst nur mit Klatschen geübt werden. Bei Legearbeiten mit Nüssen immer am Boden arbeiten und eine Teppichfliese nutzen.

*Tanzgestaltungen und Mitspielpartituren zur Musik vom „Nussknacker", die auch mit Vorschulkindern umzusetzen sind, finden sich in: „spielend tanzen" von Björn Tischler und Ruth Moroder-Tischler.

Thema: Winter

Material:

- weiße Watteböllchen
- Vorlage „Weitergeben“
- Trommel
- eventuell Trillerpfeife
- AB 21a/21b
- Lied: „ Schneemann, Schneemann, wie siehst du aus?“
- Lied zum Träumen: „Wir bauen einen Schneemann“
- Bewegungslied: „Ich bin ein kleiner Schneemann“

Inhalte/Umsetzung:

- Schneemann/Zahlen 1 bis 4
  - Zusammenhängendes Beschreiben mit Bildunterstützung an der Tafel: „Wie baut man einen Schneemann?“
  - Zuordnung von Einer- bis Vierermengen zur Zahl und umgekehrt: „Wie viele Knöpfe schmücken den Schneemann?“ **AB 21a**
- Spiel: **Weitergeben** von Schneeflocken
  - als Schneeflocken dienen weiße Wattebällchen
- Vorschreibübung Handschuh **AB 21b**

Musik/Bewegung:

- Lied: „ Schneemann, Schneemann, wie siehst du aus?“ (Manfred Hinrich)
- Lied zum Träumen: „Wir bauen einen Schneemann“ (Text: Lore Kleikamp, Musik: Detlev Jöcker)
- Bewegungslied: „Ich bin ein kleiner Schneemann“ (Text und Musik: Volker Rosin)
- Auflockerung:
  - Nach Trommelschlag gehen oder mit einem kleinen (Schnee)ball durch den Raum laufen.
  - Auf ein neues Signal (z. B. auf der Trommel reiben) imitieren die Kinder durch Rollen des Balles die Herstellung einer Schneekugel für den Schneemann.
  - Bei Pfiff wird der (Schnee)ball in einen in der Mitte des Raumes befindlichen Reifen gelegt.

Hilfreiches:

Da das erste Halbjahr nun bald zu Ende geht, sollten erlernte Gedichte und Lieder intensiv geübt werden, um ein kleines Programm zusammenzustellen. Videoaufzeichnungen kleiner Ausschnitte aus der Vorschularbeit sind eine willkommene Zugabe für eine solche Veranstaltung. Hier haben die Eltern die Möglichkeit, ihr Kind zu beobachten und dessen Leistungen einzuschätzen. Da dies natürlich den Vergleich der Fähigkeiten der Kinder mit sich bringt, sollte zuvor das Einverständnis aller Eltern eingeholt werden. Zur Einschätzung des sprachlichen Könnens ist das Beschreiben des Schneemannbaus als Videoaufnahme geeignet.

Die 22. Woche

Thema: Ordnungszahlen

Material:

- Legematerial (verschiedenfarbige Punkte)
- Materialien für die Stationenarbeit
- Vorlage „Sprach- und Bewegungsspiel"
- AB 22
- Lied: „Schneeflöckchen, Weißröckchen"
- Lied: „Rodellied"

Inhalte/Umsetzung:

- Zahl und Menge 5
  - Immer 5 Blütenblätter!
    - Vase mit Blumenstielen an die Tafel zeichnen und mit unterschiedlichen Applikationen zu 5-blättrigen Blütenblättern werden lassen.
    - Arbeitsheft mit gleichem Bild versehen – zunächst Fünfermengen mit Legeplättchen als Blüten legen, dann mit Buntstiften malen.
    - Fünfermengen an den Tafelblüten auf Einer- bis Vierermengen reduzieren – Kinder sollen bis zur Fünfermenge ergänzen.
  - **Stationenarbeit** (wie beschrieben bei Menge und Ziffer 2)
- Ordnungszahlen bis 5
  - Fünf Schneemänner mit Augen und Mund an die Tafel zeichnen und mit Ordnungszahlen versehen: „Zahlen mit einem Punkt heißen so …"
  - Kinder lösen Aufgaben mit unterschiedlichem Anforderungsgrad:
    - Der fünfte Schneemann erhält einen blauen Hut.
    - Der dritte Schneemann bekommt einen grünen Hut und zwei Knöpfe.
    - Der erste Schneemann erhält eine Möhrennase, die nach rechts zeigt.
    - Der vierte Schneemann hat einen roten Schal.
    - Der Schneemann links daneben erhält einen Besen.
  - Bearbeiten der Aufgaben auf dem Arbeitsblatt in kleinen Schritten **AB 22**
- allgemeine Übung zu den Ordnungszahlen
  - verschiedenfarbige Punkte in eine Reihe legen, dann Farbe oder „Ordnungsstelle" benennen lassen: „Welcher Punkt ist rot?"
- allgemeine Übungen zu Mengen
  - Merken und Legen unterschiedlicher Farben und Mengen von Punkten: „Legt 2 grüne und 5 blaue Punkte!" – Die Anzahl steigern.

Musik/Bewegung:

- Lied: „Schneeflöckchen, Weißröckchen" (Text: nach Hedwig Haberkorn; Melodie: altes Kinderlied)
- Lied: „Rodellied" (Worte: Christel König, Melodie: Siegfried Bomberg)
- **Sprach- und Bewegungsspiel** mit Mengen: „Was habe ich gemacht?" – „Du hast zwei mal geklatscht und fünf mal gestampft usw."

Hilfreiches:

Bei der Erarbeitung der Ordnungszahlen geht es nicht um die Vermittlung des Zahlbegriffs unter „ordinalem" Aspekt. Die Kinder sollen hier vielmehr das Abzählen, das auditive Verarbeiten und die Sprechweise der Ordnungszahlen üben.

Thema: Fasching

Material:

- Bildmaterial von Faschingskostümen als Umhängekarten
- Material für die Stationenarbeit
- Vorlage „Sprach- und Bewegungsspiel"
- Vorlage „Platzspiel"
- Vorlage „Flüsterspiel"
- Vorlage „Merkspiel"
- Spiel: „Fasching"
- AB 23a/23b
- Bewegungslied: „Wenn Fastnacht ist"
- Bewegungslied: „1, 2, 3 im Sauseschritt"
- Lied: „Zauberer Schrappelschrut"

Inhalte/Umsetzung:

- Fasching
  - Faschingskostüme beschreiben und raten lassen
  - **Platzspiel** (Mein rechter, rechter Platz ist leer, ich wünsche mir den Seeräuber her)
  - **Flüsterspiel** mit Namen von Kostümen
  - Merkübung
    - Kindern eine Verkleidung zuordnen und später abfragen
    - **Merkspiel** oder Memory mit „Kostümbildern"
  - Silbenzählen in „Kostümwörtern" **AB 23a**
  - Zählübung am Clownskostüm (Zahlen und Würfelbilder) **AB 23b**
  - Einen Faschingshut falten

Musik/Bewegung:

- Bewegungslied: „Wenn Fastnacht ist" (Text: Lena Foellbach; Melodie: Carl-Ernst Teichmann)
  - für „Fastnacht" (regional) auch „Fasching" verwendbar
- Bewegungslied: „1, 2, 3 im Sauseschritt" (Text: Lore Kleikamp; Melodie: Detlev Jöcker) in variierter Form (statt der Namen, werden Verkleidungen gerufen, deren Bilder die Kinder als Umhängebildkarten tragen)
- Spiel: „Fasching" (siehe Spiel „Obstsalat")
  - Die Kinder stehen im Kreis und tragen Bilder von Kostümen bei sich.
  - Zwei oder drei Verkleidungen werden gerufen – die betreffenden Kinder tauschen die Plätze.
  - Wird „Fasching" gerufen, suchen sich alle Kinder einen neuen Platz im Kreis.

- Lied: „Zauberer Schrappelschrut" (Text: Lore Kleikamp; Melodie: Detlev Jöcker) mit darstellenden Einlagen der Kinder zu den verzauberten Tieren.

Hilfreiches:

Das Wochenthema bietet sich natürlich dann an, wenn auch in der Einrichtung ein Faschingsfest gefeiert wird und kann somit beliebig mit einem „Winterthema" getauscht werden. Da die Kinder nicht während der ganzen Woche verkleidet sind, sollte ein Vorrat an Umhängekarten mit verschiedensten Faschingskostümen angelegt werden. Zu deren Anfertigung eignen sich die Abbildungen aus diversen Prospekten. Um Memory zu spielen, benötigt man die Bilder in zweifacher Ausführung.

Die 24. Woche

Thema: Tiere im Winter

Material:

- Poster: Vögel am Futterhäuschen
- Poster: Tiere im Winter
- Bildmaterial: verschiedene heimische Tiere und Kinderbücher
- Stäbchen
- Material für die Stationenarbeit
- Instrumente
- AB 24a/24b/24c
- Lied: „Kleine Igel schlafen gern“
- Lied: „Ich bau mit meinen Händen“

Inhalte/Umsetzung:

- Tiere im Winter
  - Tiere benennen, beschreiben und wieder erkennen (Poster)
  - Üben des zusammenhängenden Erzählens mit Bildunterstützung **AB 24a/24b**
    1. Im Herbst fallen die Körner aus dem Getreide. Der Hamster stopft sich die Körner in seine Hamsterbacken. Er frisst sie aber nicht. Er schleppt sie in seinen Hamsterbau. Im Winter schläft der Hamster. Wenn er Hunger hat, frisst er von seinen Vorräten.
    2. Im Herbst fallen die Eicheln von den Bäumen. Das Eichhörnchen sammelt die Eicheln, frisst sie aber nicht. Es vergräbt sie im Boden. Im Winter schläft das Eichhörnchen in seinem Kobel. Wenn es Hunger hat, gräbt es die Eicheln wieder aus und frisst sie.
    3. Im Herbst fallen die Äpfel von den Bäumen. Der Igel frisst sie gleich auf und hat dann einen dicken Bauch. Im Winter schläft der Igel ganz fest in seinem Versteck.
- Vögel am Futterhäuschen
  - Vögel am Futterhaus benennen, beschreiben und wiedererkennen (Poster)
  - Üben des zusammenhängenden Erzählens mit Bildunterstützung
    - Wann soll man füttern?
    - Warum soll man füttern?
    - Was soll man füttern?
  - Vogelhaus mit Stäbchen legen
  - Gedicht zum Lied: „Ich hab ein kleines Vogelhaus“ (Worte: Christine-Gisela Schmidt, Weise: Gerlinde Hoffmann) **24c**
- Einführung von Menge und Zahl 6
  - **Stationenarbeit** (wie beschrieben bei Menge und Ziffer 2)

Musik/Bewegung:

- Lied: „Kleine Igel schlafen gern“ (Text: K.W. Hoffmann; Melodie: schwedische Volksweise)
  - Verschiedene Wettergeräusche mit Instrumenten begleiten
  - Wettermassage: Die genaue Anleitung zur Wettermassage finden Sie auf Seite 32.
- Lied: „Ich bau mit meinen Händen“ (Wolf Zimmer)

Hilfreiches:

Bildmaterial und Poster sind oft in der kostenlosen Apothekenzeitschrift für Kinder zu finden.

Wettermassage

Geschichte	Massage
Im Herbst sucht sich der Igel ein Versteck, in dem er seinen Winterschlaf hält.	Finger krabbeln über den Rücken.
Er schläft tief und fest.	Hände liegen ausgebreitet auf dem Rücken.
Es weht ein leichter Herbstwind.	Hände streichen sanft über den Rücken.
Langsam wird der Wind stärker.	Hände streichen kräftiger und schneller über den Rücken.
Erste Regentropfen fallen.	Zeigefinger tippen vereinzelt auf den Rücken.
Der Regen wird stärker.	Finger tippen regelmäßiger.
Es entwickelt sich ein heftiger Sturm.	Hände streichen kräftig und schnell über den Rücken.
Es donnert und blitzt.	Fäuste trommeln einige Male vorsichtig und streichen dann ruckartig über den Rücken.
Das Gewitter zieht langsam ab und es wird ganz still.	Bewegungen lassen langsam nach. Hände ruhen jetzt wieder ausgebreitet auf dem Rücken.
Es wird kälter.	Hände bleiben ausgebreitet auf dem Rücken liegen und beginnen leicht zu zittern.
Endlich fällt Schnee.	Finger tippen sacht über den Rücken.
Die Frühlingssonne zeigt sich und der Schnee schmilzt.	Hände liegen ausgebreitet auf dem Rücken.
Nun erwacht auch unser Igel und läuft aus seinem Versteck.	Finger krabbeln über den Rücken.

Die 25. und 26. Woche

Thema: Mengen und Ziffern bis 6

Material:

- Würfelbilder und Ziffernkärtchen
- Steckertürmchen oder Bausteine
- Bildkärtchen mit Zeichen „größer als“
- Papier, Stift
- Unterschiedlich große Gegenstände
- AB 25/26a, b, c
- Lied: „Ich brauche kein Orchester“

Inhalte/Umsetzung:

- Zahlen ordnen
  - Würfelbilder und Ziffernkärtchen in der Reihenfolge 1 bis 6 legen
  - Zählübungen vor- und rückwärts durchführen
  - Zahlen nennen, die vor bzw. nach einer bestimmten Zahl stehen.
    - Kinder in einer Reihe aufstellen: „Wer steht vor oder hinter dir?“
    - Zunächst mit Würfelbildern arbeiten, dann mit Ziffernkärtchen und später ohne Anschauung.
    - Die Zahl davor und die Zahl danach immer getrennt erarbeiten.
  - Zahlendiktate schreiben **AB 25/26a**
    - Eine Zahl nennen: Die Zahl schreiben oder das Würfelbild zeichnen.
    - Anzahl klopfen (hinter der verdeckten Tafel): Die Zahl schreiben.
    - Eine Zahl nennen: Vorhergehende oder nachfolgende Zahl schreiben.
- Die Zahlen vergleichen (als Schrittfolge).
  - Unterschiedlich große Gegenstände miteinander vergleichen.
  - Zeichen beschreiben und als Applikation zwischen zu vergleichende Bilder an die Tafel heften.
  - Die Zeichen schreiben.
  - Das Arbeitsblatt bearbeiten (zuerst nur das Zeichen als Kärtchen in die richtige Position bringen) **AB 25/26b**
  - Unterschiedlich hohe Steckertürme miteinander vergleichen, Stecker zählen, Ziffernkärtchen legen und ebenfalls vergleichen.
  - Zwei Würfelbilder miteinander vergleichen, entsprechende Zahlen ebenfalls vergleichen.
  - Zahlen miteinander vergleichen **AB 25/26c**.

Musik/Bewegung:

- Neues Bewegungslied zur Auflockerung: „Ich brauche kein Orchester“ (Wolfgang Spode)

Hilfreiches:

Das Ordnen und Vergleichen von Zahlen ist Unterrichtsstoff im Erstrechenlehrgang. Dennoch zeigt sich bereits hier, welche Vorschulkinder schon eine gute Zahl- bzw. Mengenvorstellung besitzen. Dieses Wissen macht die Erzieherin oder Lehrerin aussagekräftiger im Hinblick auf die Einschätzung der rechnerischen Fähigkeiten der Kinder. Dies setzt natürlich intensives Üben voraus. Die Begriffe „Vorgänger“ und „Nachfolger“ sollten dabei noch nicht verwandt werden. Um den Kindern das Verständnis für die Zeichen „größer als“ und „kleiner als“ zu erleichtern, eignet sich die Geschichte vom Krokodil, welches sein Maul immer nach der größeren Menge aufreißt.

Thema: Schuhe

Material:

- Schuhe der Kinder
- Vorlage „Sprach- und Bewegungsspiel“
- „Klatschspiel“
- AB 27
- Lied: „Ich habe einen Kopf“
- Lied: „Schlipp und Schlapp, die beiden Schuhe“

Inhalte/Umsetzung:

- Schuhe **AB 27**
  - Schuhe beschreiben und wiederfinden
    - Die Kinder beschreiben ihren Schuh sehr genau (Farbe, Muster, Verschluss) und stellen ihn im Kreis ab.
    - Die Schuhe nun wieder den Kindern zuordnen: „Welcher Schuh gehört Max?“
  - Rechts-Links-Übung zur taktilen Wahrnehmung:
    - Die Kinder halten die Augen geschlossen.
    - Sie berühren den rechten oder linken Schuh (Fuß).
    - Das Kind nennt die Seite.

Musik/Bewegung:

- Lied: „Ich habe einen Kopf“ (Text: Rolf Krenzer; Melodie: Ludger Edelkötter)
  - Höraufgabe: Lied strophenweise vorsingen und die Körperteile in der besungenen Reihenfolge nennen lassen.
  - Gestaltung durch Zeigen der Körperteile
    - Die Kinder stellen sich paarweise in einer Gasse auf.
    - In der letzten Strophe reichen sie sich die Hände und drehen sich gemeinsam.
  - Merkübung: 2–3 Körperteile zeigen und in der richtigen Reihenfolge nennen lassen.
- Lied: „Schlipp und Schlapp, die beiden Schuhe“
  - Verschiedene Fortbewegungsmöglichkeiten ausprobieren und den Liedtext entsprechend begleiten.
  - Die Hausschuhpaare der Kinder durch Ertasten finden.
  - Schleifenbinden
- **Sprach- und Bewegungsspiel:** „Was habe ich gemacht?“
- **Klatschspiel:** „Rechte Hand – linke Hand“. Die Kinder stehen sich im Außen- und Innenkreis gegenüber – auch mit Füßen möglich (dann nur tippen).
  - „Die rechte Hand“: rechte Hand gegeneinander schlagen
  - „die linke Hand“: linke Hand gegeneinander schlagen
  - „auf Wiedersehen“: mit zwei seitlichen Nachstellschritten nach rechts zum nächsten Kind gehen

Hilfreiches:

Kommentar zum Binden von Schleifen:

- Kreuzen und Knoten!
- Schlaufe – Schlange durch den Tunnel!
- Ziehen – fertig!

Die 28. Woche

Thema: 7 Zwerge

Material:

- verschiedene Märchenbücher
- AB 28a/28b
- Lied und Dänischer Tanz: „Siebensprung“
- Musik zur Märchenoper: „Hänsel und Gretel“ (Engelbert Humperdinck)
- Märchenlied: „Hänsel und Gretel“, S. 117
  Märchenlied: „Dornröschen war ein schönes Kind“, S. 114

Inhalte/Umsetzung:

- Menge und Zahl 7
  - Das Märchen: „Schneewittchen und die sieben Zwerge“
    - Den Beginn des Märchens vorlesen oder erzählen – die Kinder raten und nacherzählen lassen.
    - Wiederkehrende Satzvorgaben als Anlass zum Sprechen nutzen.
      - „Spieglein, Spieglein an der Wand …“
      - „Wer hat aus meinem Becherchen getrunken?“ Diese Satzvorgaben sind gut geeignet, um gezielt die Verwendung von Präpositionen und Pronomen, die Sprechweise der Endung -chen sowie der Vorsilbe ge- bei Verben in der Perfektform zu üben.
  - 7er-Mengen bilden **AB 28a**
  - Ordnungszahlen bis 7 **AB 28b**
- Märchen
  - Ein Märchen vorlesen
  - Kenntnisse der Kinder bzw. Vorlesegewohnheiten ermitteln:
    - Bekannte Märchen nennen lassen.
    - Frage: „Mit welchen Worten beginnt/endet ein Märchen oft?“
  - Märchen raten
    - Märchenbeginn vorlesen oder Geschehen und Akteure im Märchen kurz beschreiben: Die Kinder nennen den Namen des Märchens.
  - Märchen oder Ausschnitte im szenischen Spiel umsetzen.

Musik/Bewegung:

- Lied und Dänischer Tanz: „Siebensprung“ zur Festigung der Zahlenreihe bis 7
- Märchenlied: „Hänsel und Gretel“ (volkstümlich)
- Märchenlied: „Dornröschen war ein schönes Kind“ (volkstümlich)
- Musik zur Märchenoper: „Hänsel und Gretel“ (Engelbert Humperdinck)
  - Tanzlied: „Brüderchen, komm tanz mit mir!“ (Engelbert Humperdinck)
  - Musik zur Entspannung: „Abends, will ich schlafen gehen“ (Engelbert Humperdinck)
  - Hexenmusik zum Gruseln: „Hurr hopp, hopp, hopp“ (Engelbert Humperdinck)

Hilfreiches:

In dieser Woche eröffnen sich Einblicke in die Vorlesegewohnheiten in den Familien. Da die meisten Kinder gerade Märchen sehr mögen, sollten jetzt die Eltern zur Mitarbeit aufgefordert werden. Ein Bibliotheksbesuch bietet sich an, um gezielt nach Märchenbüchern (mit vielen Illustrationen) zu suchen und so bei den Kindern das Interesse für diese und andere Bücher zu wecken.

Thema: Ostern

Material:

- verschiedenfarbige Kunststoffeier (zwei Größen)
- bunte Eierapplikationen für die Tafel
- Osterkörbchen
- Trommel
- gefärbte Ostereier
- Vorlage „Merk- und Platzspiel"
- Vorlage „Weitergeben"
- AB 29/30a, b, c, d
- Lied: „Stups, der kleine Osterhase"
- Lied: „Wo sind bloß die Ostereier?"
- Sorbisches Tanzlied: „Zagraj nam reiku"

Inhalte/Umsetzung:

- Rund um das Osterei
  - Ostereier ertasten
  - Größe und Farbe benennen: „Ich habe das große, grüne Ei"
  - **Merk- und Platzspiel*** mit verschiedenen Eiern
  - Spiel: **Weitergeben**
  - Eier im Raum verstecken und wiederfinden lassen: „Das große, grüne Ei ist auf dem Fensterbrett."
- Gedicht: „Osterhäschen, dort im Grase" (Verfasser unbekannt) **AB 29/30a**
  - Gedicht mit Bewegungen erlernen
  - Vorschreibübung: Osterei gestalten
- Mengen 1 bis 7
  - Osterkörbchen füllen **AB 29/30b** und **AB 29/30c**
  - Hörverarbeiten und Gedächtnistraining **AB 29/30d**

Musik/Bewegung:

- Liedklassiker: „Stups, der kleine Osterhase" (Rolf Zuckowski)
- Lied: „Wo sind bloß die Ostereier?" (Worte und Melodie: Matthias Meyer-Göllner)
- Sorbisches Tanzlied: „Zagraj nam reiku" (Jan Paul Nagel)
  - Ein gemustertes Osterei wird auf den Teppich gemalt.
  - Teil A – Die Kinder gehen seitlich im Nachstellschritt um das Ei herum.
  - Teil B – Ein Kind wird angeblinzelt und geht ein Muster ab.
- Bei schlechtem Wetter können Osterkörbchen auch im Raum nach Gehör gesucht werden; ein Kind führt mit der Trommel, ein anderes folgt mit verbundenen Augen dem Trommelschlag und wird so zu seinem Versteck geführt.

Hilfreiches:

* Eine andere Variante des beliebten Kim-Spiels: Die Kinder sitzen am Platz und haben ein buntes Ei vor sich. Ein Kind geht vor die Tür. Zwei Eier werden vertauscht, das Kind muss die Veränderung erraten.

* Diese bekannte und bewährte Übung zur Auge-Hand-Koordination und zur intensiven Konzentration wird natürlich nicht mit Eiern durchgeführt, die sich in der Größe unterscheiden, sondern mit gleich großen Eiern.

Die 31. Woche

Thema: O – wie Osterglocke

Material:
- Bildmaterial von Frühblühern oder echte Pflanzen
- Bildkarten von Wörtern mit A, I und O
- Prospekte
- Triangel
- Vorlage „Buchstabensuche"
- AB 31a/31b/31c
- Lied: „Schneeglöckchen"
- Bewegungslied: „Blumenlied"
- Lied: „Gänseblümchen", S. 116

Inhalte/Umsetzung:

- Frühblüher **AB 31a**
  - Frühblüher benennen und ihr Aussehen beschreiben.
  - In Frühblühernamen Silben nennen.
  - Einen Krokus ausgraben und die Blumenzwiebel zeigen.
  - Das Blumenlied (siehe Musik/Bewegung) singen und dann mit Stäbchen, Formen und Muggelsteinen eine Fantasieblume legen.
- O wie Osterglocke **AB 31b**
  - O in Wörtern hören (nur Wörter mit lang gesprochenem o)
  - **Buchstabensuche**
  - O-Wörter auf Bildern in Prospekten finden, ausschneiden und aufkleben.
  - Wiederholen der Anlaute A wie Apfel und I wie Igel (Bilder von Wörtern mit A, I oder O im Anlaut den Buchstaben zuordnen)
- Einführung von Menge und Ziffer 8

Musik/Bewegung:

- Lied: „Schneeglöckchen" (Gerda Bächli)
  - Geschichte von der Glocke*
  - Begleiten mit Triangeln im Grundrhythmus
- Bewegungslied von der Zwiebel: „Blumenlied" (Gerda Bächli)[1]
  - „Unten in der dunklen Erde sitzen wir und warten still" (Kinder kauern auf dem Boden)
  - „dass sich etwas regen werde, etwas in uns wachsen will" (Kinder regen sich etwas und erheben langsam ihren Kopf)
  - „und dann recken wir und strecken wir uns langsam bis hinauf" (Kinder erheben sich langsam und strecken die Arme nach oben)
  - „oben an der warmen Erde tun wir unsre Blüte auf" (Kinder deuten mit den Armen die aufgehende Blüte an)
- Lied: „Gänseblümchen, zart und fein" (mündlich überliefert)
  - Geschichte vom Gänseblümchen*
  - Bewegungsgestaltung nach Textvorgabe ähnlich wie beim „Zwiebellied"

Hilfreiches:

* Wunderschöne kleine Geschichten sowohl zum Frühling und zu den Frühblühern als auch zu vielen anderen Anlässen sind im Buch „Der Morgenkreis als Unterrichtsbeginn" von Ulrike Hieronymus zusammengestellt. Dort findet man die Geschichte „Die Glocke von grünem Erz" von Franz Kett oder „Warum alle Gänseblümchen auch ein wenig rosafarben sind" von Jella Lepman.

[1] Gerda Bächli: Blumenlied. In: Zirkus Zottelbär. Copyright © MusicVision GmbH, Verlag für Kindermusik und Kinderbücher, Küsnacht

Thema: M – wie Marienkäfer

Material:

- Bilderbuch/Sachbuch vom Marienkäfer
- Legematerial (Muggelsteine o. Ä.)
- Bildmaterial zur Lautdifferenzierung
- Klangholz, Punkte
- Vorlage „Buchstabensuchen"
- Marienkäferspiel/Igelstachelspiel
- AB 32/33a, b, c, d
- Lied: „Käfer, du gefällst mir sehr"

Inhalte/Umsetzung:

- Marienkäfer
  - Aussehen und Nahrung, Lebensweise und Vermehrung im Gespräch mit Hilfe eines Bilder- oder Sachbuchs besprechen
  - Kinder später selbst die Informationen zu den Bilderbuchseiten geben lassen
  - Anfertigen „Marienkäferbuch" **AB 32/33a**
- M wie Marienkäfer
  - Wörter mit M wie Marienkäfer finden (Bildmaterial)
  - Lokalisierung des Lautes als An-, In- oder Auslaut **AB 32/33b**
  - Buchstabensuche
- Zahlen 1–9
  - Lege- und Zählübung mit dem Marienkäfer **AB 32/33c**
    - Zahl nennen: Punkte legen
    - Klopfzeichen geben: Punkte legen
    - Menge links legen: rechts bis 9 ergänzen
  - Mengen und Ziffern von 1 bis 9 **AB 32/33d**

Musik/Bewegung:

- Lied: „Käfer, du gefällst mir sehr" (Text: Barbara Henze; Musik: Manfred Roost)
  - Begleiten des Grundrhythmus mit Klanghölzern
  - Textbegleitendes Festigen der Kenntnisse über den Marienkäfer
- Konzentrations- und Stilleübung: Marienkäferspiel (siehe Igelstachelspiel)
  - Ein Kind kauert sich in die Mitte des Sitzkreises – über dieses Kind wird eine (rote) Decke gelegt – an der Decke werden Klammern (Punkte) befestigt.
  - Die Kinder versuchen nun reihum, dem Marienkäfer die Punkte zu stehlen (Klammer vorsichtig von der Decke lösen).
  - Bemerkt der Marienkäfer eine Berührung, muss er sich schütteln und die jeweilige Klammer wird wieder angebracht.

Hilfreiches:

Als Bilderbuch eignet sich hervorragend das Buch „Der Marienkäfer" aus der Reihe „Meyers kleine Kinderbibliothek".

Die Arbeitsblätter **AB 32/33b** und **AB 32/33c** sind „Blanko-Blätter" und können zur Lautlokalisation beliebiger Laute bzw. für verschiedene Mengenübungen genutzt werden. Dazu bietet es sich an, die Karten einzeln zu laminieren.

Die 34. Woche

Thema: Tiere im Zoo

Material:

- Bildmaterial von Zootieren als Umhängekarten
- Muggelsteine
- Kinderbücher über Tiere
- verschiedenfarbige Fische als Applikationen für die Tafel
- Vorlage „Platzspiel"
- Vorlage „Flüsterspiel"
- Vorlage „Nachsprechspiel"
- Vorlage „Merkspiel"
- AB 34a/34b/34c
- Musik: „Karneval der Tiere" (Camille Saint-Saëns)

Inhalte/Umsetzung:

- Tiere im Zoo
  - Zootiere beschreiben (Aussehen, Lebensraum, Nahrung) und raten lassen.
  - **Platzspiel** (Mein rechter, rechter Platz ist leer, ich wünsche mir den Tiger her)
  - **Flüsterspiel** mit Zootiernamen
  - Merkübung
    - Den Kindern ein Tier zuordnen und später abfragen
    - **Merkspiel** oder Memory mit „Zootierbildern"
  - **Silbenzählen** in „Zootierwörtern" **AB 34a**
  - Anlaute in „Zootierwörtern" finden
- Menge und Ziffer 10
  - Zählen von Zootieren (in Kinderbüchern oder beim Zoobesuch)
- Ordnungszahlen
  - Bilder von verschiedenfarbigen Fischen an der Tafel ordnen lassen und mit den Ordnungszahlen von 1. bis 10. versehen.
  - Farben bestimmter Fische nennen lassen: „Der 3. Fisch ist blau."
  - Bilder verteilen: „Nimm den 3. Fisch."
  - Die Kinder (Fische) schwimmen zur Musik „Aquarium" (Camille Saint-Saëns) durch den Raum – bei Musikstopp stellen sich alle Fische entsprechend ihrer Ordnungszahl in eine Reihe.
  - **Nachsprechspiel** zur Festigung der Sprechweise der Ordnungszahlen: „Ich bin der erste Fisch! – Er/sie ist der erste Fisch!"
  - Nennen der Ordnungszahlen, Farben und Schwimmrichtungen von Fischen im Aquarium. **AB 34b**

Musik/Bewegung:

- Musik hören: „Karneval der Tiere"* (Camille Saint-Saëns)
  - Verschiedene Ausschnitte des Musikwerks den Tieren zuordnen (Kennzeichnung zunächst durch Legen von Muggelsteinen). **AB 34c**
  - Musik zur Entspannung: „Aquarium" oder „Der Schwan" aus „Karneval der Tiere" (Camille Saint-Saëns)

Hilfreiches:

In dieser Woche sollte natürlich unbedingt ein Zoobesuch geplant werden.

* Tanzgestaltungen und Mitspielpartituren zur Musik vom „Karneval der Tiere", die auch mit Vorschulkindern umzusetzen sind, finden sich in Björn Tischlers: „einfach tierisch".

Thema: Vögel

Material:

- Plakat mit heimischen Vögeln/Bildkarten
- Kinderbücher oder Lexika
- Triangel, Rassel
- Vogelstimmen-CD
- Vorlage „Nachsprechspiel“
- Gedicht: „Ein Vöglein flog zum Pflaumenbaum“
- AB 35
- Lied: „Alle Vögel sind schon da“, S. 113
- Lied: „Ein Vogel wollte Hochzeit machen“, S. 115
- Musik: „Karneval der Tiere“ (Camille Saint-Saëns)
- Musik hören: „Rolfs Vogelhochzeit – Eine Geschichte in 12 Liedern und Bildern“

Inhalte/Umsetzung:

- Vögel
  - Kenntnisse der Kinder über Artenvielfalt und Lebensweise von Vögeln ermitteln:
    - bekannte Vogelarten nennen lassen
    - bei einem Spaziergang oder einem Ausflug Vögel bestimmen
    - Nutzen von Kinderbüchern oder Lexika
  - Ausgewählte Vogelarten beschreiben
  - **Nachsprechspiel** mit Namen von Vogelarten
  - Vogelstimmen hören
- Gedicht: „Ein Vöglein flog zum Pflaumenbaum“ (Anna Fischer-Olm)
  - Gedichtzeilen mit entsprechenden Gesten begleiten
  - Bildgeschichte legen **AB 35**
  - Verlassenes Vogelnest untersuchen
- Ordnungszahlen trainieren (Ablauf wie 34. Woche „Fische im Aquarium“ – nur mit Vögeln)

Musik/Bewegung:

- Lied: „Alle Vögel sind schon da“ (Text: Hoffmann von Fallersleben; Melodie: Schlesische Volksweise)
  - Als „Aufhänger“ für Gespräch über Vogelarten
- Lied: „Ein Vogel wollte Hochzeit machen“ (Hrsg.: Hoffmann von Fallersleben und Ernst Richter)
  - Als Ausgangspunkt für das Gedicht und für ein Gespräch über verschiedene Vogelarten
  - Auf „fi-de-ra-la-la“ mit Triangeln und Rasseln begleiten
- Musik hören: „Das Vogelhaus“, „Der Kuckuck in der Tiefe des Waldes“ aus dem „Karneval der Tiere“ (Camille Saint-Saëns)
- Musik hören: „Rolfs Vogelhochzeit – Eine Geschichte in 12 Liedern und Bildern“ (Rolf Zuckowski)

Hilfreiches:

Um mit einer Kindergruppe Bücher anzusehen, sollte das Buch erhöht an einem festen Platz stehen und für alle Kinder einsichtig sein. Die Kinder sitzen wie im „Kino“ auf Abstand in mehreren Reihen auf einem festen Platz.

Bildmaterial und Poster sind oft in der kostenlosen Apothekenzeitschrift für Kinder zu finden.

Darüber hinaus finden Sie in der „Auer-Fotomappe Singvögel“ wunderschöne Vogelaufnahmen im Format DIN A4 (ISBN 978-3-403-0**4636**-3).

Die 36. Woche

Thema: Tiere auf dem Bauernhof

Material:

- Bildkarten von Bauernhoftieren und den dazugehörigen Jungtieren
- Prospekte aus der Tagespost
- Originalprodukte
- Vorlagen „Platz-, Merk- und Flüsterspiel“
- AB 36a/36b
- Bewegungslied: „Tanzlied der Tiere“
- Singspiel: „Ei, Ei, ei, ihr Hühnerchen“, S. 114
- Lied: „Onkel Paul wohnt auf dem Land“
  Musik „Karneval der Tiere“ (Camille Saint-Saëns)

Inhalte/Umsetzung:

- Tiere auf dem Bauernhof
  - Kenntnisse der Kinder über Bauernhoftiere und deren Lebensweise ermitteln
  - Tiere auf dem Bauernhof und dazugehörige Jungtiere benennen
  - Tierfamilien zusammenstellen (z. B. Hahn, Henne und Küken)
  - Haltung von Bauernhoftieren: Tiere im Stall, auf der Wiese, im Hof
  - Ratespiel durch Beschreiben von Tieren (Farbe, Größe, Nutzen)
  - Ratespiel durch Zuordnung in eine Tierfamilie: „Ich suche das Tierkind von der Henne!“ oder „Wie heißt die Tiermutter vom Ferkel?“
  - **Platz-, Merk- und Flüsterspiel** oder Memory mit Tiernamen
  - Silben in Tiernamen zählen
  - Anlaute in Tiernamen finden
- Nutzen der Tiere auf dem Bauernhof
  - Verschiedene Produkte im Original oder als Bild dem entsprechenden Tier zuordnen **AB 36a**
  - Milchprodukte aus Prospekten (Zeitungsbeilagen) ausschneiden und ein Plakat gestalten **AB 36b**

Musik/Bewegung:

- Bewegungslied: „Tanzlied der Tiere“ (Text: Lore Kleikamp; Melodie: Detlev Jöcker)
- Singspiel: „Ei, Ei, ei, ihr Hühnerchen“ (Überliefert)
- Lied: „Onkel Paul wohnt auf dem Land“ (aus England, Textfassung: Ilse und Hans Naumilkat)
- Musik hören: „Hühner und Hähne“ aus dem „Karneval der Tiere“ (Camille Saint-Saëns)

Hilfreiches:

Tiernamen der Tierfamilienmitglieder gehören gerade bei Kindern, die in der Stadt groß geworden sind, nicht unbedingt zum Wortschatz. Ein Ausflug aufs Land bietet sich an. Zahlreich ist das Angebot an Kinderbüchern zu diesem Thema. Hier sei wiederum die Buchreihe „Meyers kleine Kinderbibliothek“ erwähnt.

Thema: Straßenverkehr

Material:

- Tapetenrolle zum Aufmalen einer Straße
- Spielzeugautos
- Rote, gelbe und grüne Punkte
- AB 37
- Lied: „Mein Weg zur Schule ist nicht schwer"
- Lied: „Bei Rot bleibe ich stehn, bei Grün kannst du gehn"

Inhalte/Umsetzung:

- Überqueren der Fahrbahn
  - Verschiedene Möglichkeiten des Überquerens der Fahrbahn im Gespräch klären und mit Hilfe einer aufgezeichneten Fahrbahn auf Tapetenrolle im Darstellenden Spiel üben.
    - Überqueren der Fahrbahn ohne Hilfsmittel
    - Überqueren der Fahrbahn an einer Ampel
    - Überqueren der Fahrbahn am Zebrastreifen
  - Praktische Übungen bei Spaziergängen
- Gedicht: „Alle Kinder hier im Land bleiben vor dem Bordstein stehn. Schaun nach links, nach rechts, nach links, bevor sie gerade über die Fahrbahn gehen.
  In der Mitte, seid nicht dumm, dreht euch noch mal rechts herum."
  (Polizeipuppenbühne Rostock)
  - Nachspielen der Abfolge entsprechend der Gedichtzeilen mit Hilfe der aufgezeichneten Straße oder auch auf der Straße im Ort.

Musik/Bewegung:

- Lied: „Mein Weg zur Schule ist nicht schwer" nach der Melodie zu „Onkel Paul wohnt auf dem Land" (Rolf Zuckowski)
- Lied: „Bei Rot bleibe stehn, bei Grün kannst du gehn" (Verfasser unbekannt, Text 2./3.Strophe Margarete Tews, Satz: Fritz Bachmann)
  - Liedtext als Einstieg für das Thema nutzen
  - Ampelfarben nennen, Bedeutung erklären, Farbpunkte legen **AB 37**

Hilfreiches:

Das Thema lässt sich vorzugsweise gerade am Ende des Vorschuljahres bearbeiten, weil mit dem kommenden Schulbesuch auch die Bewältigung des Schulwegs aktuell wird. Übungen zur Rechts-Links-Orientierung bieten sich hier unbedingt zur Wiederholung an.

In einigen Städten bietet der öffentliche Nahverkehr die Teilnahme an einer „Busschule" an. Ziel ist es, den Kindern praxisnah die richtigen Verhaltensweisen bei der Nutzung öffentlicher Verkehrsmittel zu erklären und darüber hinaus auf Gefahren hinzuweisen. Auch die Polizei bietet regelmäßig Aktionen zur Verkehrsschulung von Kindern an.

Die 38. Woche

Thema: Lesen

Material:

- Bildkarten zu Wörtern mit den Anlauten M, A, I und O
- Lautzeichen
- AB 38
- AB 32/33b
- Lied: „Wer das Abc gelernt“
- Lied: „Alle Kinder lernen lesen“

Inhalte/Umsetzung:

- Vorübung und Wiederholung
  - Bilder zu Wörtern mit den Anlauten M, A, I und O den Buchstaben zuordnen
  - Lokalisierung des Lautes als An- In- oder Auslaut **AB 32/33b**
  - Lautzeichen zeigen – Laute nennen lassen
  - Lautzeichen zeigen oder Laute nennen – Buchstaben zeigen lassen **AB 38** (Auswahl)
  - **Wichtig:** Immer Laute nennen – nicht den Buchstabennamen
- Lesen **AB 38**
  - Silben (MA, MI, MO, AM, IM, OM)
    - Laute einzeln nennen und legen lassen
    - Silben lesen
  - Wortaufbau

M	O	M
MA	OM	MI
MAM	OMA	MIM
MAMA		MIMI

  - Sätze
    MAMA AM (Baum)
    OMA IM/AM (Haus)
    MIMI AM/IM (Baum)

Musik/Bewegung:

- Lied: „Wer das Abc gelernt“ (Albert Gabriel)
- Lied: „Alle Kinder lernen lesen“ (Text: Wilhelm Topsch, Melodie: überliefert)
  - Lautzeichen zu den gesungenen Buchstaben zeigen (Theorieteil)

Hilfreiches:

Ausgehend von einer analytisch-synthetischen Betrachtungsweise des Leselernprozesses muss der Leser zunächst einzelne Buchstaben eines Wortes analysieren und dann zu einem „Lautfolgeganzen“ synthetisieren. Dies bedeutet, dass die Buchstaben eines Wortes erst nacheinander visuell erkannt, den dazugehörigen Lauten (Phonemen) zugeordnet und dann sprechmotorisch in eine Lautfolge umgewandelt werden müssen. Zugrunde liegen komplexe Differenzierungs- und Strukturierungsfähigkeiten des Kindes. Obwohl die hier aufgeführten Leseübungen an einfachstem Wortmaterial mit wenigen, gründlich erarbeiteten Buchstaben erfolgen, sollte die Erzieherin oder Lehrerin im Vorschulbereich sehr vorsichtig mit Vorhersagen über den zu erwartenden Erfolg beim Schriftspracherwerb sein.

Thema: Tanzraupe Nimmersatt

Material:

- Verschiedene Legematerialien (Muggelsteine, Stäbchen, Formen)
- Buch: „Die kleine Raupe Nimmersatt" (Eric Carle)
- Singspiel: „Die kleine Raupe Nimmersatt" als CD oder MC
- Reifen
- AB 39/40a, b

Inhalte/Umsetzung:

- Schmetterling
  - Die Entwicklung des Schmetterlings mit Hilfe des beliebten Kinderbuchs: „Die kleine Raupe Nimmersatt" (Eric Carle)[2] vorstellen
  - Die Kinder später selbst die Informationen zu den Bilderbuchseiten geben lassen **AB 39/40a**
  - Die Symmetrie der beiden Schmetterlingsflügel veranschaulichen:
    - Legen und Gestalten mit unterschiedlichen Materialien (Muggelsteine, Stäbchen, verschiedene Formen) **AB 39/40b**

Musik/Bewegung:

Tanzraupe Nimmersatt: (Tanzgestaltung: Angelika Rothe)

Textabschnitt	Gestaltung	
A „... lag auf einem Blatt ein kleines Ei."	In der Kreismitte liegt der Reifen; die Kinder kauern mit angezogenen Beinen im Kreis auf dem Boden und warten; die Köpfe liegen auf den Händen und zeigen in die Mitte (Ausgangsposition).	
B „Und als an einem ... eine kleine hungrige Raupe."	Langsames Aufrichten, wobei erst ein Arm und dann der andere zügig nach oben geboxt wird (Ausfahren der Fühler „knack, knack").	

[2] Eric Carle: Die kleine Raupe Nimmersatt. Copyright © 1969 Eric Carle. Aus dem Englischen von Viktor Christen. Deutsche Ausgabe Copyright © Gerstenberg Verlag, Hildesheim

Die 39. und 40. Woche

Textabschnitt	Gestaltung	
C1 „Sie macht sich auf den Weg …, um Futter zu suchen.“	Vierteldrehung in Tanzrichtung durch einen kleinen Sprung; bücken; der rechte Arm wird zur Hand des Vordermanns gereicht; der linke Arm greift durch die eigenen Beine zur Hand des Hintermannes (Raupenform).	
C2 Wiederholung C1	Mitsingen der Wiederholung; die Raupenform bleibt.	
D „Am Montag fraß sie …, aber satt war sie noch immer nicht.“	Auflösen der „Raupenform“; die „Fressbewegung“ mit Händen andeuten und leicht hin- und herbewegen.	
C1 – D	Nun folgen Wiederholungen der Gestaltungsformen, wobei die „Fressbewegungen“ an den einzelnen Wochentagen leicht variiert werden können (umdrehen, im Kreis gehen).	
E „Am Sonnabend fraß … hatte sie Bauchschmerzen.“	Nach und nach werden die „Fressbewegungen“ langsamer bis sich die Raupe vor Schmerzen krümmt.	

Textabschnitt	Gestaltung	
E1 Instrumentalteil	Einnehmen der Ausgangsposition (Teil **A**)	
F „Der nächste Tag … der kleinen Raupe Nimmersatt."	Langsames Aufrichten unter Aufnahme der „Fressbewegungen", Aufstellung in Tanzrichtung.	
G „Sie war nicht … und dick geworden."	Marschieren in Tanzrichtung, Mitsingen der Wiederholungen.	
H „Sie baute sich … sich nach draußen und …"	Abklopfen des Körpers erst abwärts und dann aufwärts, um das „Verpuppen" anzudeuten; die Arme ausbreiten und als Schmetterling zu den Eltern an den Platz fliegen.	

Hilfreiches:

Ein ausgelegter Reifen in der Mitte dient bei allen Kreistänzen oder -spielen als Orientierung für die Kinder, um eine Aufstellung im Kreis zügig zu organisieren.

Die Aufführung des Singspiels in der vorgegebenen Tanzgestaltung bildet den Abschluss des Vorschuljahres. Mit ausgewählten Gedichten, Liedern und Tänzen kann für Eltern oder Großeltern eine Abschiedsfeier gestaltet werden. Auf der Einladungskarte findet sich eine von den Kindern gestaltete Raupe.

Kopiervorlagen

Liebes Vorschulkind,

bald ist es soweit und Du kommst in die Vorschule. Wir freuen uns, dass Du mit uns lernen wirst. Da wir Dich gerne kennenlernen wollen, wäre es schön, wenn Du uns diesen Brief mitbringst. Du kannst Dir von deinen Eltern beim Malen oder Schreiben helfen lassen.

Viele Grüße von

Das bin ich

Mein Name ist ______________________.

So sehe ich aus:

Hier kannst Du ein Foto von Dir einkleben!

Ich wohne in ______________________.

Ich kann schon gut ______________________________________.

In der Vorschule möchte ich ______________________________.

Brief verschicken oder den Eltern vor Beginn des Vorschuljahres mitgeben; Ausschneiden und im Gruppenraum aushängen	**AB 1a**

Name des Kindes auf die erste Zeile in großen Druckbuchstaben vorschreiben;
Anzahl der Silben im Namen als Ziffer in das Feld schreiben;
zugehörige Buchstaben (Buchstabenkärtchen für jedes Kind vorbereiten) suchen und aufkleben; Schreiben des eigenen Namens

AB 1b

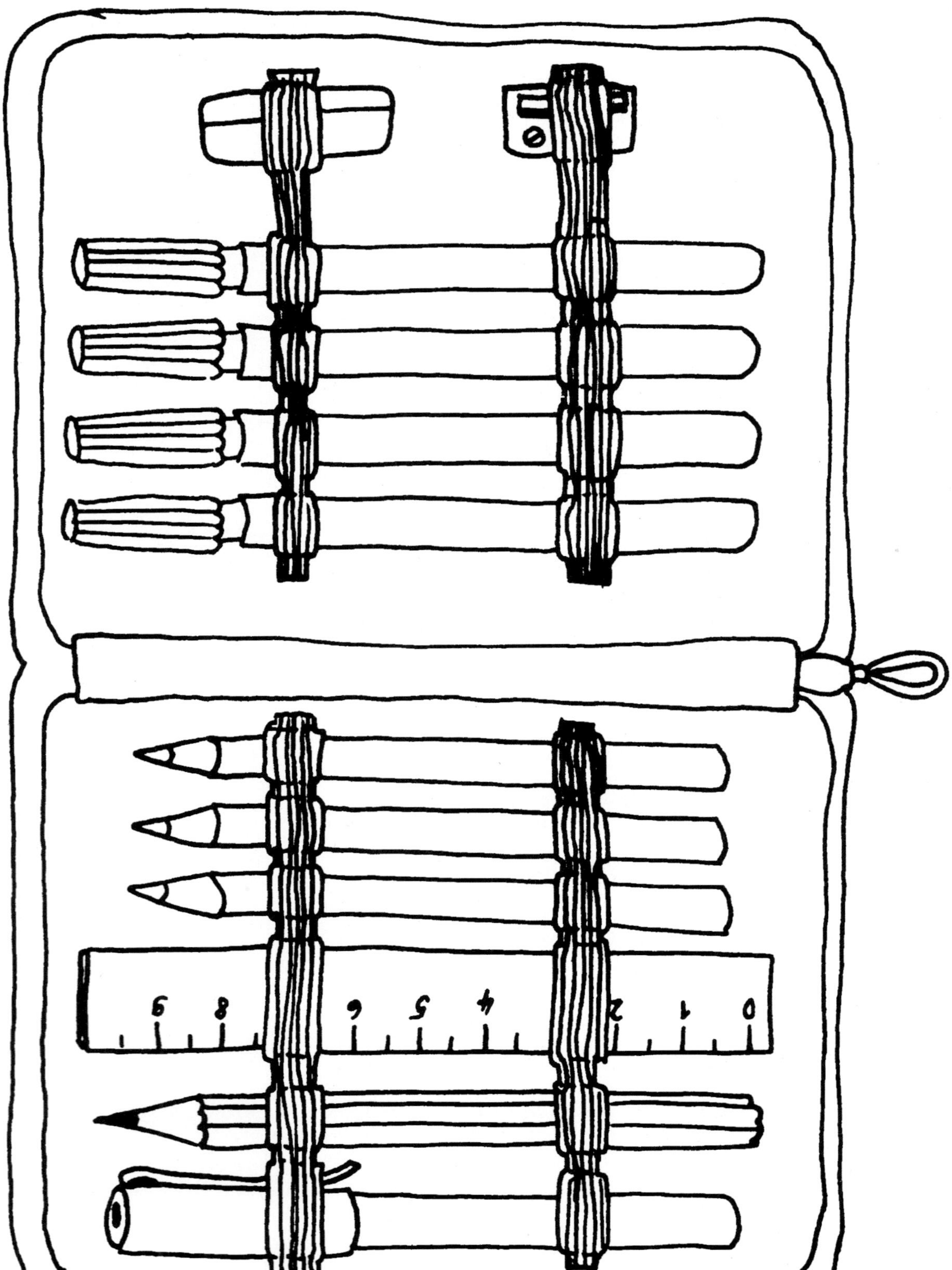

Stiftarten zeigen und benennen; Stifte nach Ansage ausmalen: „Male den ersten Buntstift grün an usw.“

AB 2a

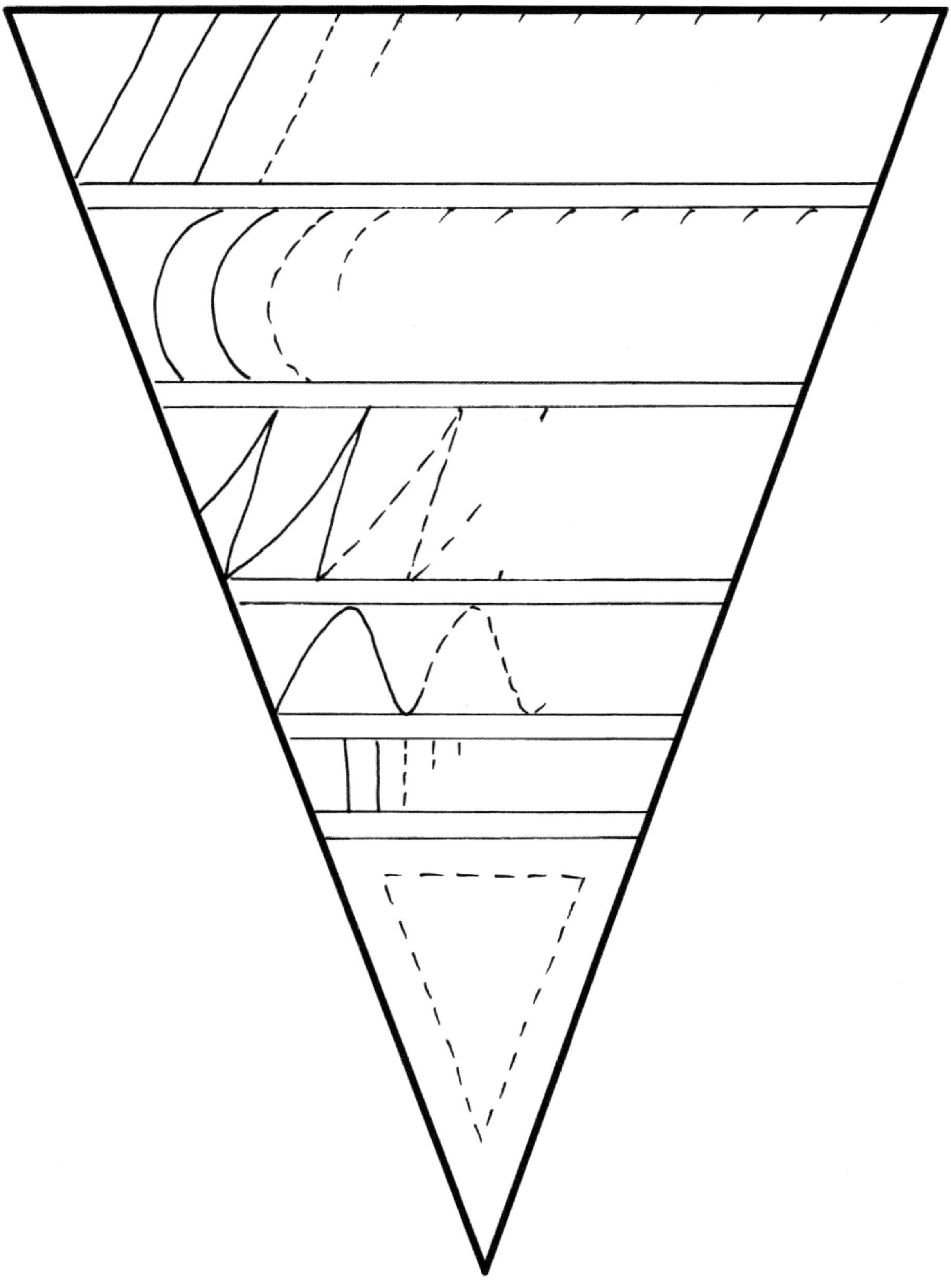

Muster zeilenweise mit verschiedenen Farben nach Ansage nachfahren; Nutzen von Kommentaren wie: „ab“, „schräg auf“ oder „Bogen“ usw.; Ausschneiden

AB 2b

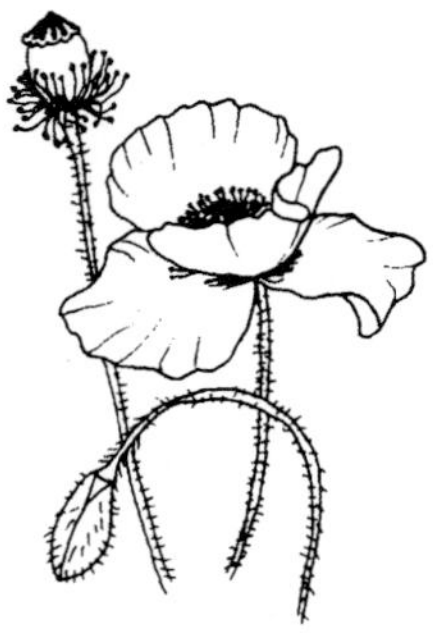

Mein Farbenlied

1. ______________________________

2. ______________________________

3. ______________________________

4. ______________________________

Bilder benennen (Mohnblume und Enzian erklären) und mit entsprechenden Farben ausmalen; Liedtext gestalten; 1. drei rote Punkte, Kirschen, drei rote Punkte, Mohnblume usw.	**AB 2c**

Es war eine Mutter

Es war eine Mutter,
die hatte vier Kinder:
den Frühling, den Sommer,
den Herbst und den Winter.

Der Frühling bringt Blumen,
der Sommer den Klee,
der Herbst bringt die Trauben,
der Winter den Schnee.

Das Klatschen, das Klatschen,
das muss man verstehn,
da muss man sich einmal
im Kreise rumdrehn.

(Volksweise)

Jahreszeiten anhand der Bilder erkennen und benennen; Bilder ausschneiden und ausmalen; Legen der richtigen Reihenfolge, Kinderbilder vergrößern, ausmalen und als Umhängekarten nutzen.	**AB 3/4**

Die Wochentage

Am Montag fängt die Woche an
und der Dienstag folgt sodann.
Der Mittwoch kommt gleich hinterher.
Der Donnerstag hat es nicht schwer.
Am Freitag kauft die Mutti ein.
Sonnabend und Sonntag soll Ruhe sein.

(Verfasser unbekannt)

Fortsetzung der Reihenfolge – roter Kreis, blaues Viereck und grünes Dreieck

AB 5a

MO		
DI		
MI		
DO		
FR		
SA/SO		

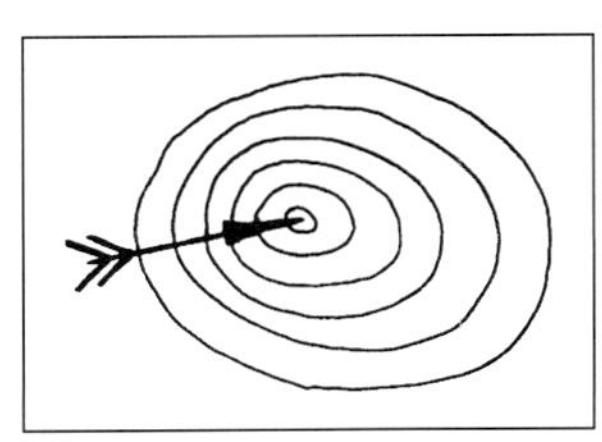

Zuordnen der Bilder zu den Wochentagen; Besonderheiten der Schulwoche aufzeichnen z. B. Montag – Turnbeutel für Sport; Vervollständigung (Samstag und Sonntag) als Hausaufgabe	**AB 5b**

Runde und eckige Dinge mit verschiedenen Farben einkreisen

AB 6a

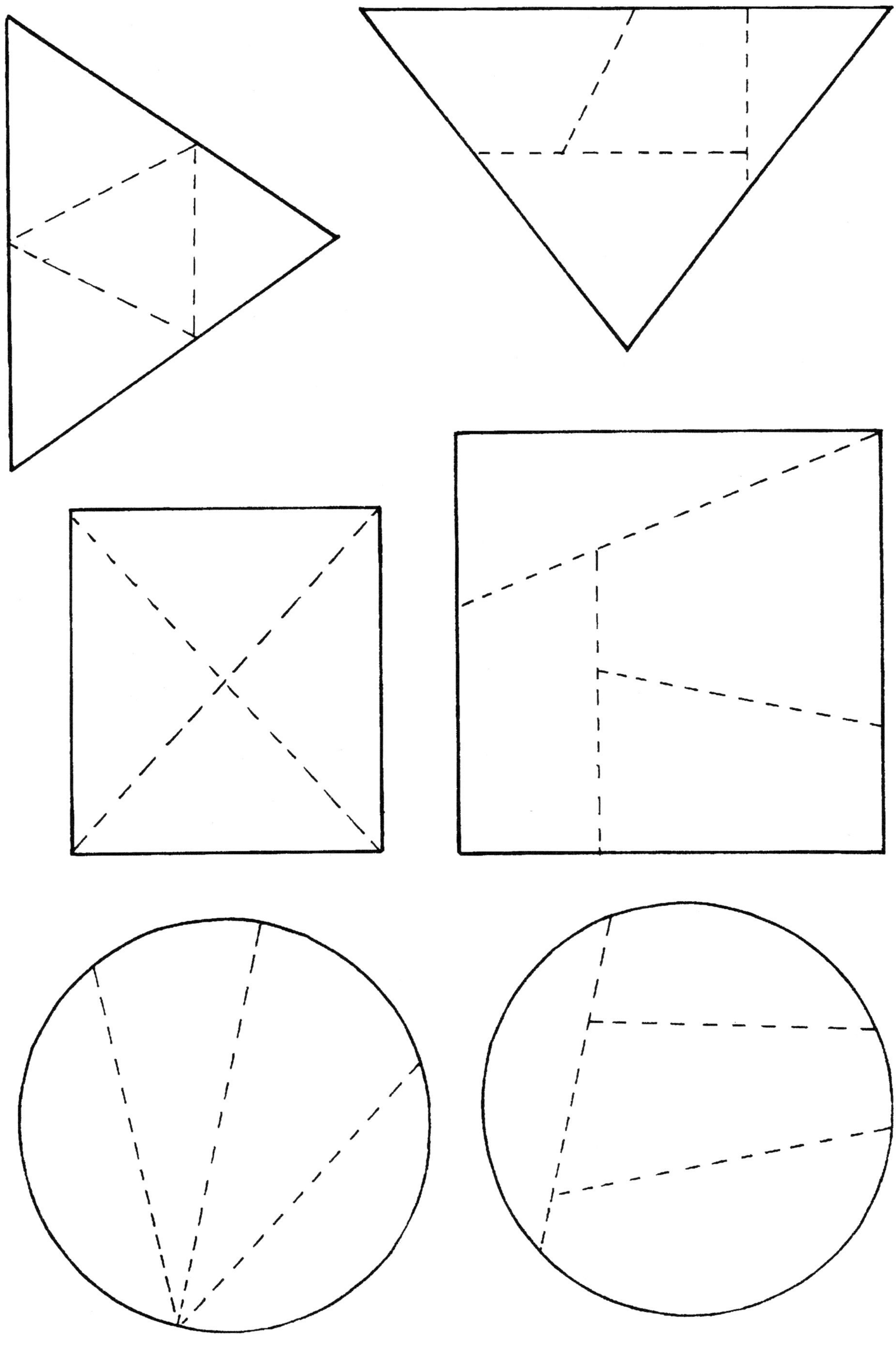

Formen auf farbiges und stärkeres Papier kopieren und ausschneiden; Formen zerschneiden und als Puzzle verwenden, wobei Anzahl der Einzelteile variieren können

AB 6b

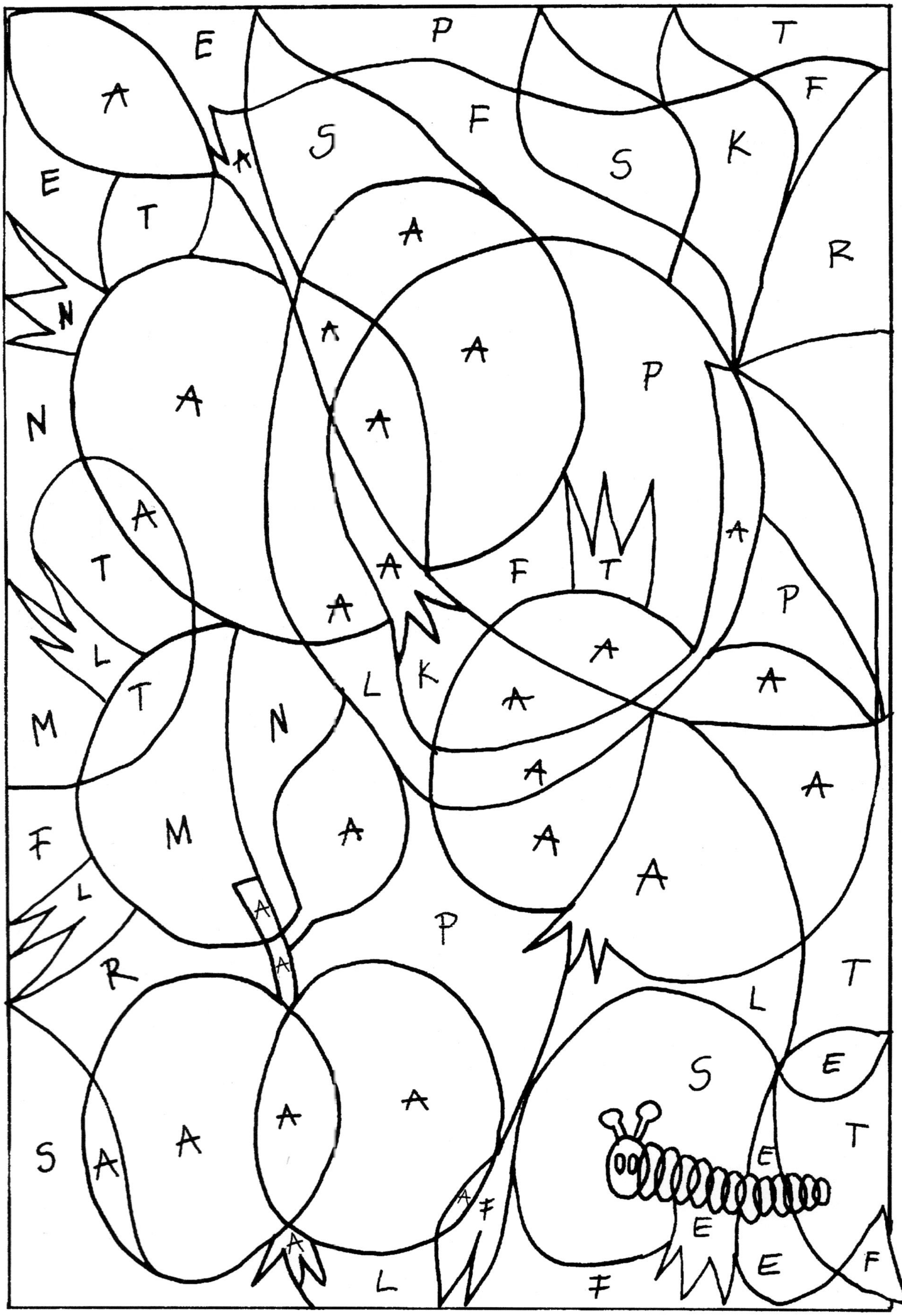

Felder mit dem Buchstaben A suchen und ausmalen

AB 7a

Wörter mit A im Anlaut suchen und einkreisen oder ausmalen	**AB 7b**

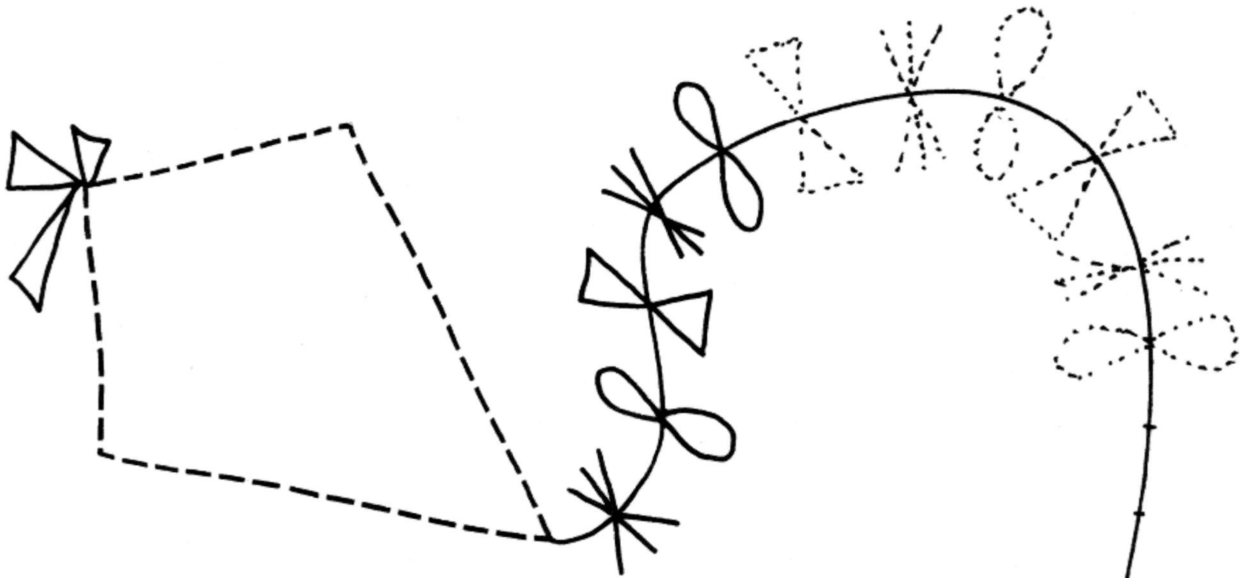

Mein Drachen

Einen Drachen bau ich mir
aus vier Leisten und Papier.
Male ihm mit Tusche bunt
einen riesengroßen Mund.
Auch die Augen fehlen nicht
und die Nase im Gesicht.
Troddeln hat er, wunderschön,
wie zwei Ohren anzusehn.
Hinten hängt ein Schwänzchen dran,
dass er richtig steuern kann.
Und am Ende knüpf ich auch
eine Schnur an seinen Bauch.

(Walter Krumbach)

Gestaltung des Drachens nach Textvorgabe; Fortsetzung der Reihenfolge am Drachenschwanz	**AB 8**

Bild nach Ansage vervollständigen:
Male einen Schornstein rechts auf das Dach!
Links in der Tür ist die Klinke.
Male einen Baum rechts neben das Haus!
Rechts neben dem Baum liegt ein Ball.

AB 9

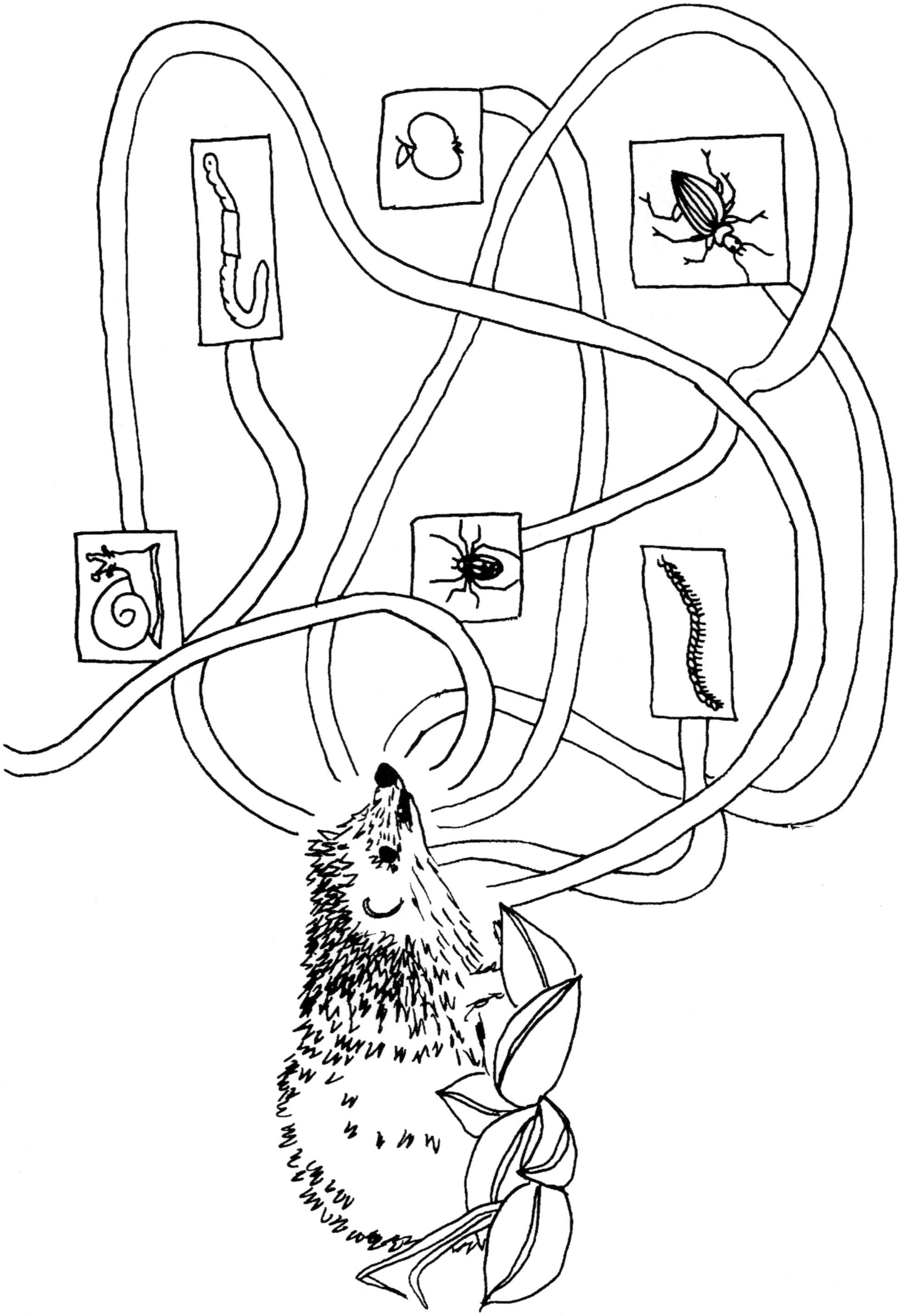

Bilder durch Nachfahren der Wege finden (dabei nicht an die Ränder stoßen) **AB 10a**

Wo lebt er? Wann jagt er? Wie schützt er sich?

Was macht er im Winter?

Was frisst er? .... Kreise ein!

Zusammenhängendes Erzählen vom Igel: „Wo lebt der Igel, wie schützt er sich, wann jagt er, was macht er im Winter?“

AB 10b

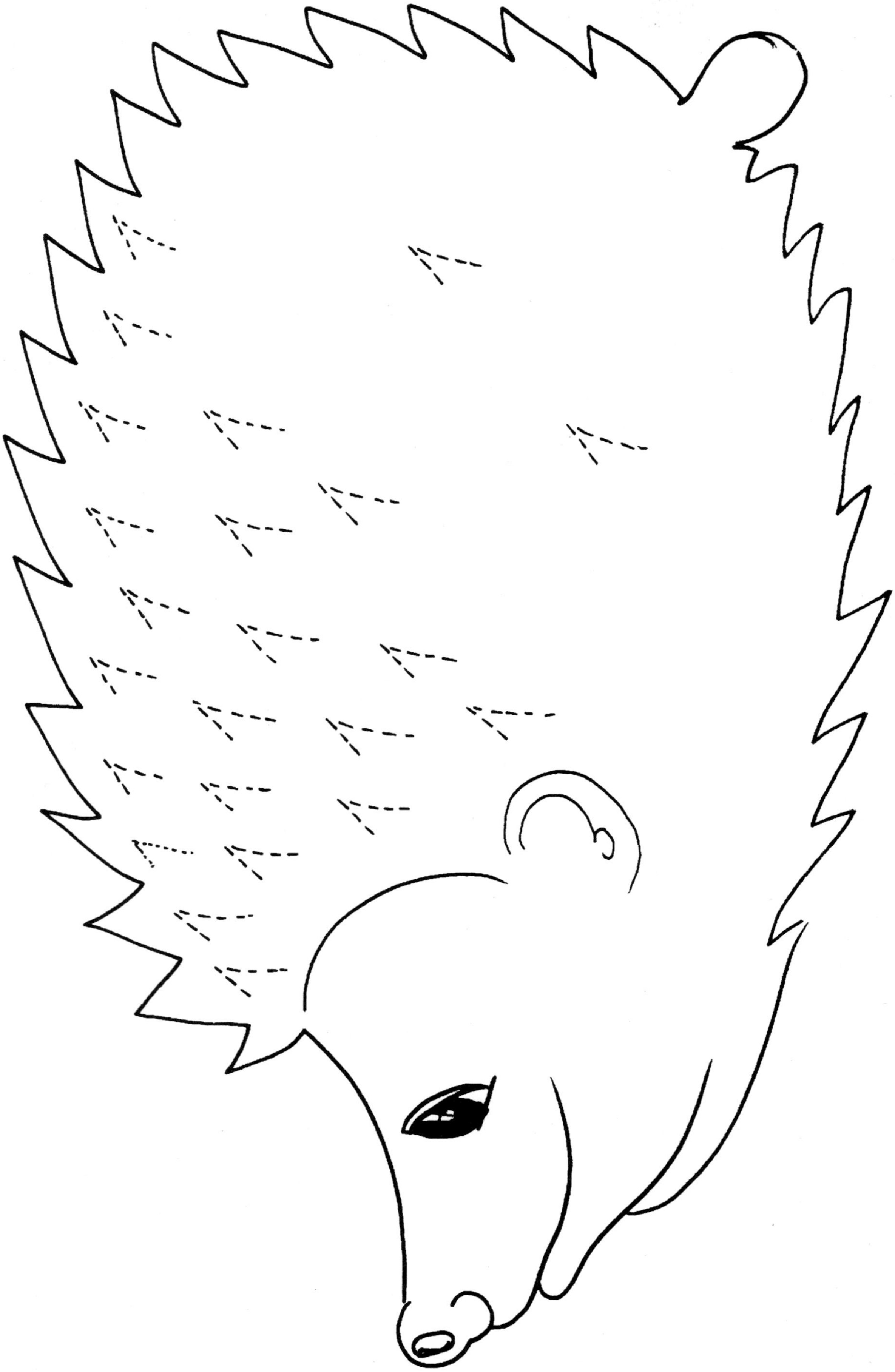

Nachfahren der Ziffer 1 (Igelstacheln)

AB 10c

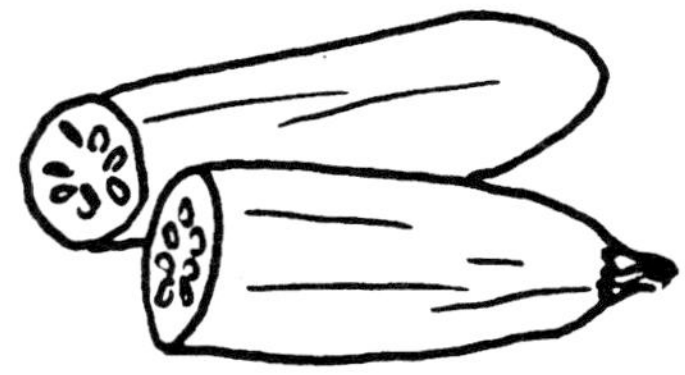

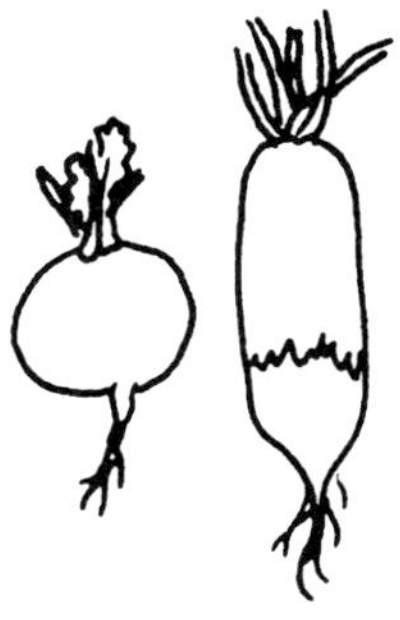
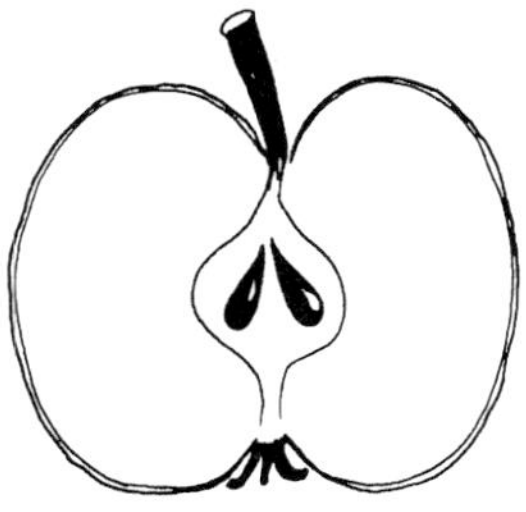

Obst- und Gemüsesorten benennen; mit den richtigen Farben ausmalen; Silbenglieder und Felder entsprechend der Anzahl der Silben ausmalen	**AB 11/12a**

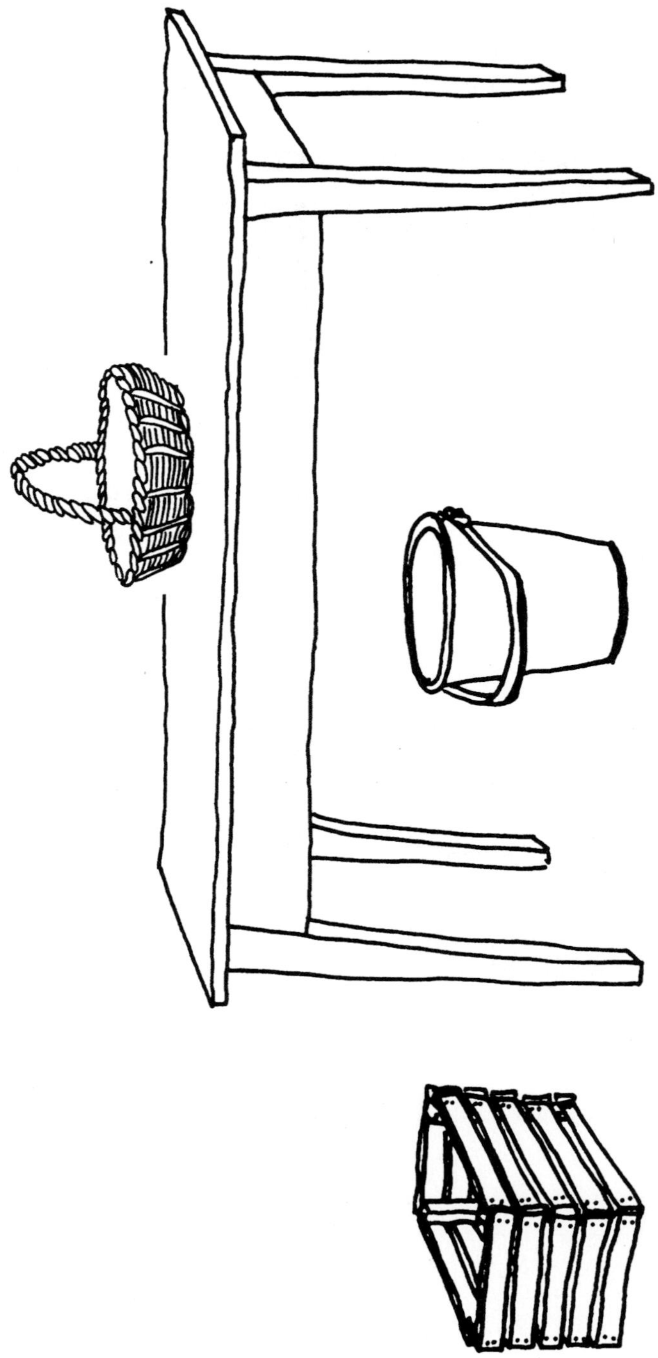

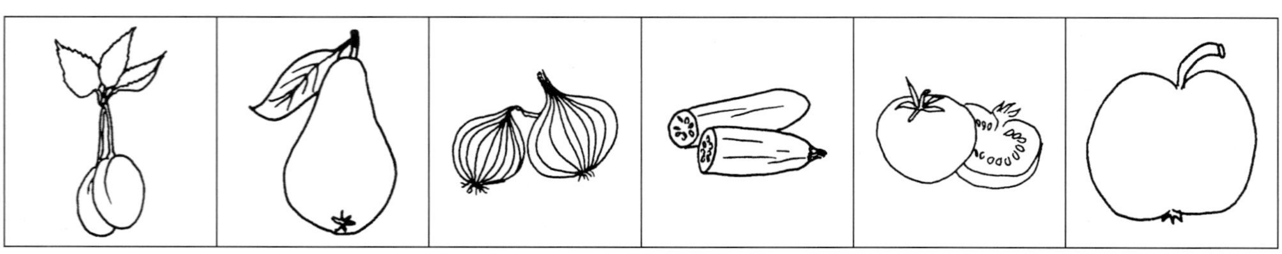

Ausschneiden der kleinen Bilder und nach Ansage ins Bild legen: „Lege den Apfel auf den Tisch, die Birne links neben den Korb, die Pflaume vor den Eimer, die Gurke in die Kiste, die Zwiebeln links neben den Tisch, die Tomaten rechts neben den Eimer“; aufkleben

AB 11/12b

Vergleichen von Mengen: „Wo liegen mehr/weniger Äpfel?“ Kennzeichnung nach Fragestellung	**AB 11/12c**

Blanko-Blatt; Würfelbild zur Übungsmenge mehrmals in richtiger Form eintragen; die übrigen Würfel mit beliebig verteilten Punkten versehen (Menge bleibt)

AB 13

1. Regelfächer nach Ansage mit Bildern gestalten: „Male rechts in die Mitte einen Ball, links oben einen Teddy, links unten ein Buch, rechts unten ein Auto, links in die Mitte Bausteine!“ „Welches Fach bleibt frei? Male selbst etwas hinein!“
2. Lage der Fächer wieder finden: „Male, welches Spielzeug du links unten findest usw.“

AB 14/15a

Regale mit 9 Fächern für Orientierungs- und Lageübungen und das Bingo-Spiel

AB 14/15b

1			
2			
3			

1			
2			
3			

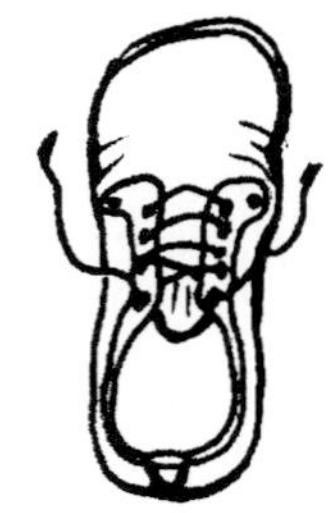

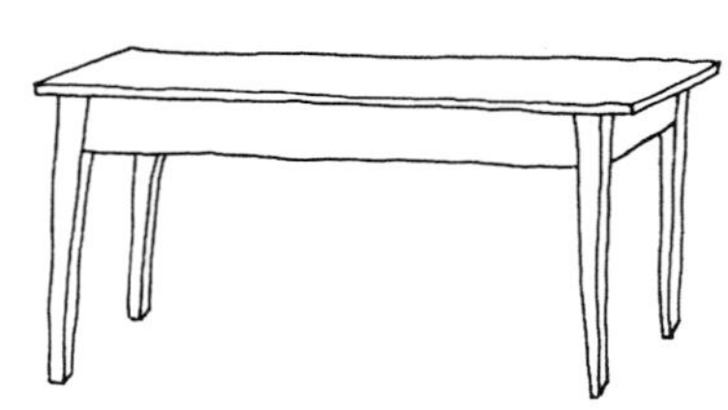

Ausschneiden, vergrößern, eventuell ausmalen und laminieren von Bildkarten für die Spiele zur Reimwortbildung	**AB 16**

4

Die vier Flammen am Kranz ausmalen; immer 4 Kerzen verschieden farbig ausmalen	**AB 17**

Dezember (Ursula Barff)

Dezember ist es. Das Jahr klingt aus

mit Kerzenlicht und Nikolaus.

Und kommt dann noch der Weihnachtsmann,

und klopft bei uns ganz leise an,

und hat er auch was mitgebracht,

so wird ihm gerne aufgemacht.

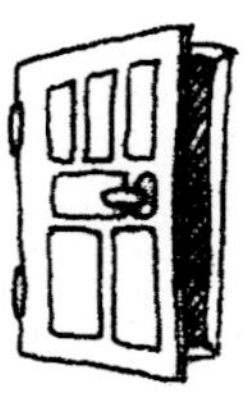

Bilder ausschneiden, den Gedichtzeilen zuordnen und aufkleben	**AB 18/19a**

3	2	4	2	1	3

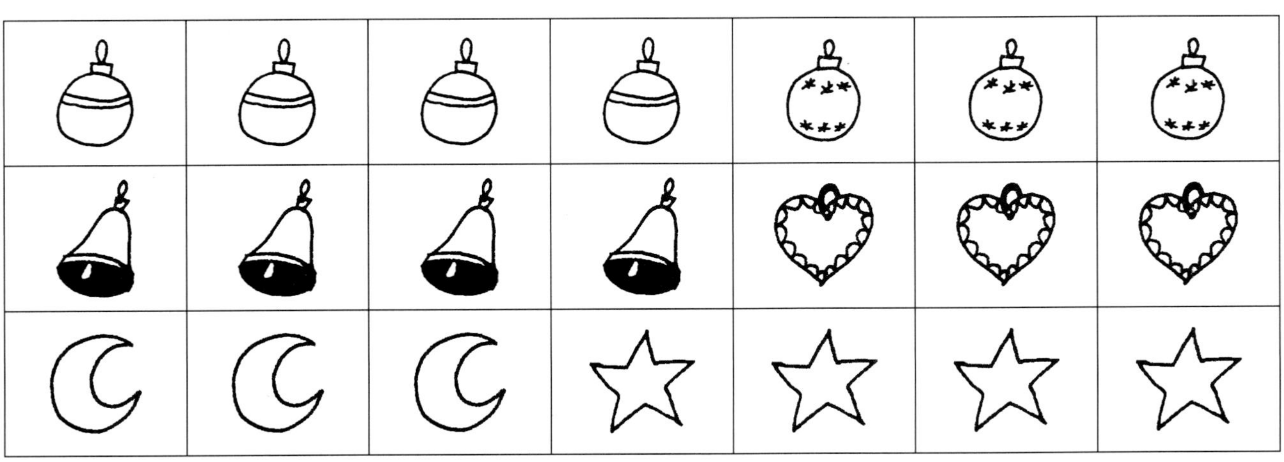

Weihnachtsbaumschmuck erst in Streifen, dann einzeln ausschneiden; entsprechend der vorgegebenen Anzahl an den Baum kleben	**AB 18/19b**

Merken und Malen

1. Merke dir 2 Farben! Male eine Glocke rot und eine blau an!

rot blau   grün gelb   blau grün   gelb rot

2. Merke dir drei Farben!

rot blau grün   blau gelb rot   grün gelb blau

blau grün rot   gelb rot blau   rot grün gelb

3. Merke dir Anzahl und Farbe!

3a) Male drei Kerzen rot und vier blau aus!

3b) Male zwei Kerzen grün und drei gelb aus!

3c) Male vier Kerzen blau und zwei grün aus!

Ausmalen nach Ansage mit steigender Schwierigkeit (erst Aufgabe vollständig nennen)	**AB 18/19c**

Weihnachtswörter benennen; Nüsse entsprechend der Anzahl der Silben ausmalen

AB 20

Knöpfe zählen und Ziffern schreiben; Anzahl von Knöpfen entsprechend der Angabe einzeichnen	**AB 21a**

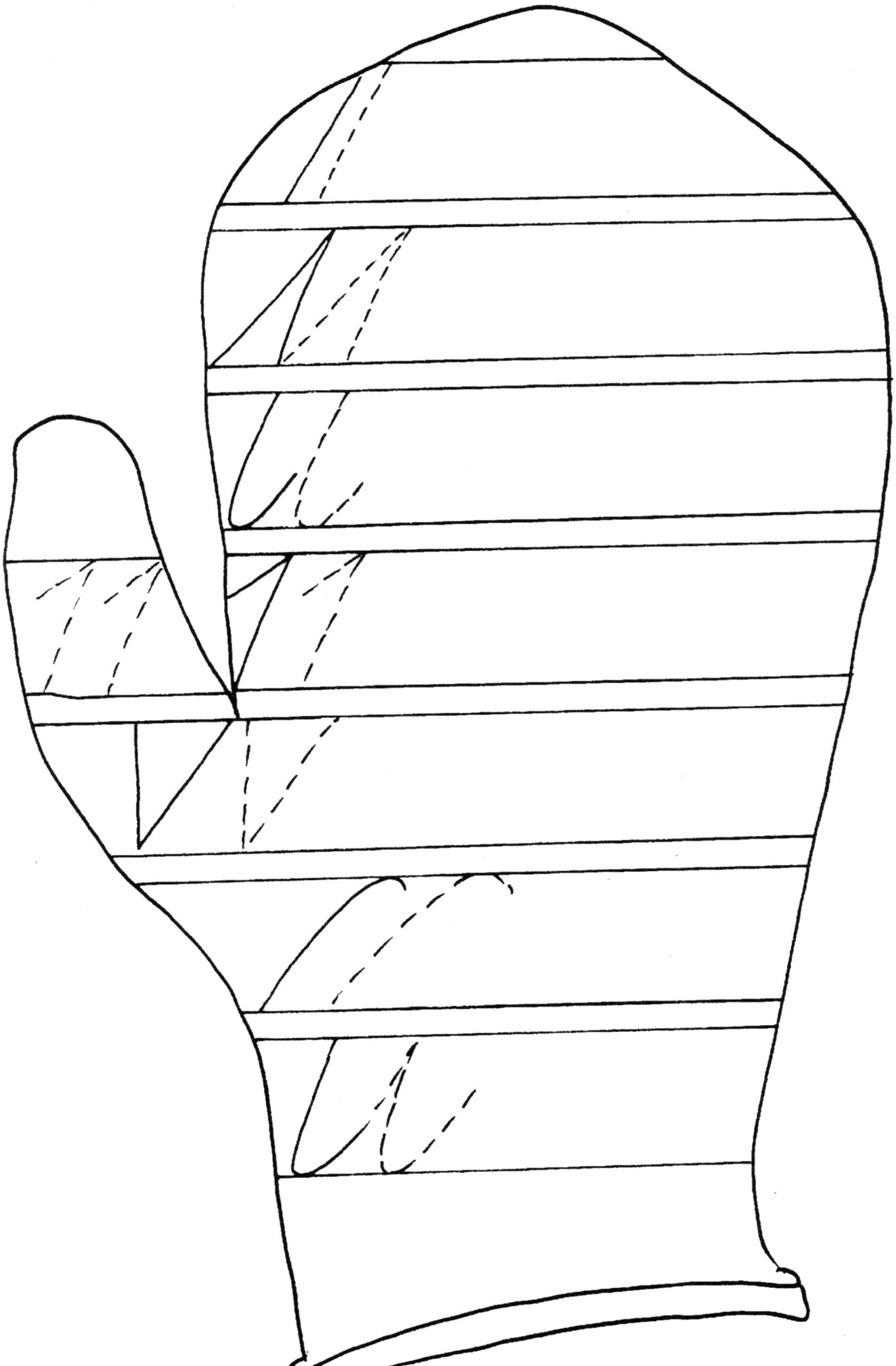

Muster zeilenweise mit verschiedenen Farben nach Ansage nachspuren; Nutzen von Kommentaren wie: „ab“, „schräg auf“ oder „Bogen“ – Ausschneiden des Handschuhs	**AB 21b**

Ordnungszahlen unter die Schneemänner schreiben; Bild nach Ansage vervollständigen:
„Male dem dritten Schneemann einen blauen Hut, dem zweiten einen gelben usw.!“ „Male dem ersten Schneemann fünf Knöpfe, dem vierten drei usw.!“ „Male dem ersten und dem vierten Schneemann eine Möhrennase, die nach links zeigt und den anderen eine, die nach rechts zeigt!“ „Male dem dritten Schneemann einen Besen, dem rechts davon einen Schal und dem links davon eine Schürze!“

AB 22

4	2	1	3

2	4	3	1

3	1	2	4

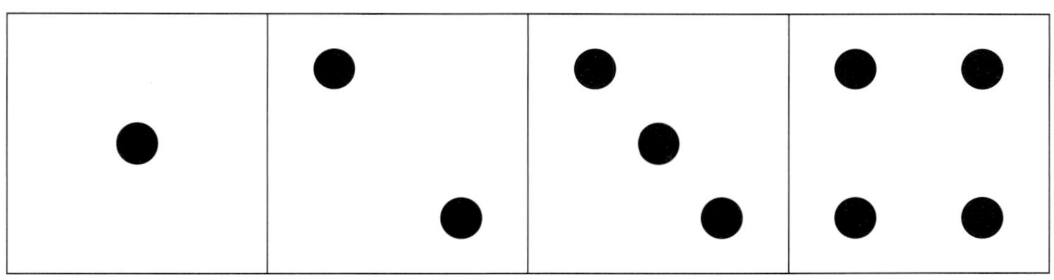

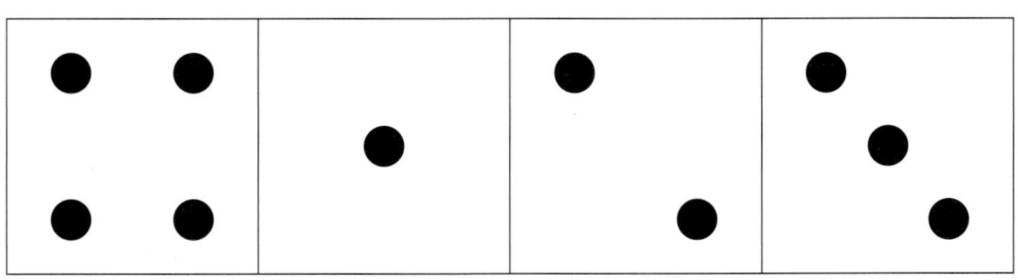

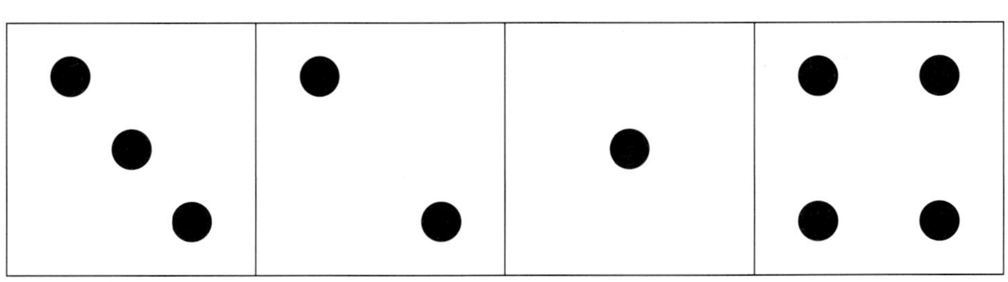

Faschingskostüme benennen; Silbenglieder und Felder entsprechend der Anzahl der Silben ausmalen	**AB 23a**

	Zahl	Würfelbild

Zählen; Ziffern schreiben und Würfelbilder zeichnen

AB 23b

Zusammenhängendes Erzählen über den Hamster und das Eichhörnchen mit Bildunterstützung

AB 24a

Ausschneiden der kleinen Bilder und Ordnen; zusammenhängendes Erzählen über den Igel	**AB 24b**

Ich hab ein kleines Vogelhaus

Ich hab ein kleines Vogelhaus
von Tannenholz und Rinde.
Da streue ich das Futter aus.
Ihr Vöglein, kommt geschwinde!

In meinem kleinen Vogelhaus
hab ich so viele Gäste.
Kein Vöglein flieget hungrig aus.
Herbei zum Futterfest!

(Worte: Christine-Gisela Schmidt)

Gedicht mit begleitenden Bewegungen erlernen; Unterschiede im Suchbild finden | **AB 24c**

Zahlendiktate für mehrere Übungen; Zahlendiktat wie beschrieben durchführen; Kreisfläche für Fehlerzahl oder Belobigungsstempel nutzen

AB 25/26a

			>
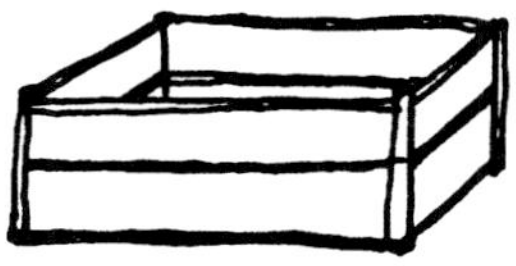		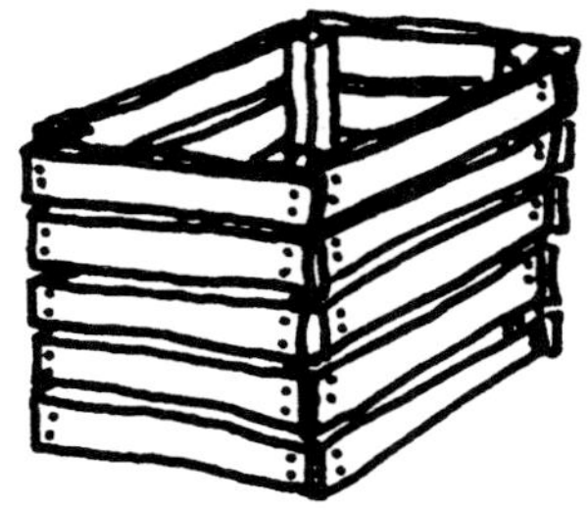	

Zeichen „>“ für jedes Kind ausschneiden; Größen durch Legen des Zeichens vergleichen; Zeichen selbstständig schreiben	**AB 25/26b**

Zahlenvergleich

Zahlenvergleich

Blatt für 2 Kinder; Ziffern schreiben und Zahlen vergleichen

AB 25/26c

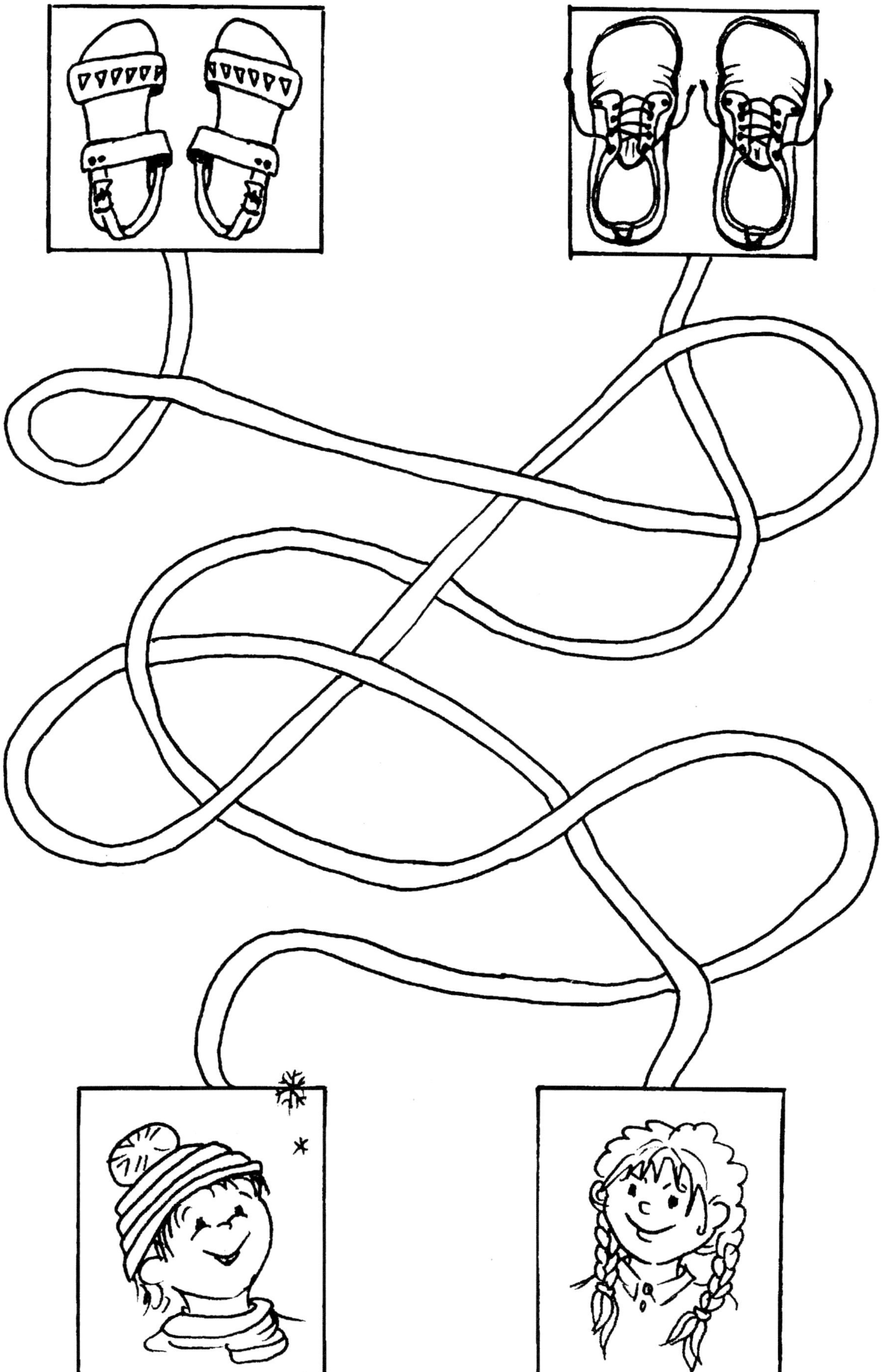

Rechte und linke Schuhe verschiedenfarbig ausmalen; Schuhe der Kinder durch Nachfahren der Wege finden (dabei nicht an die Ränder stoßen)

AB 27

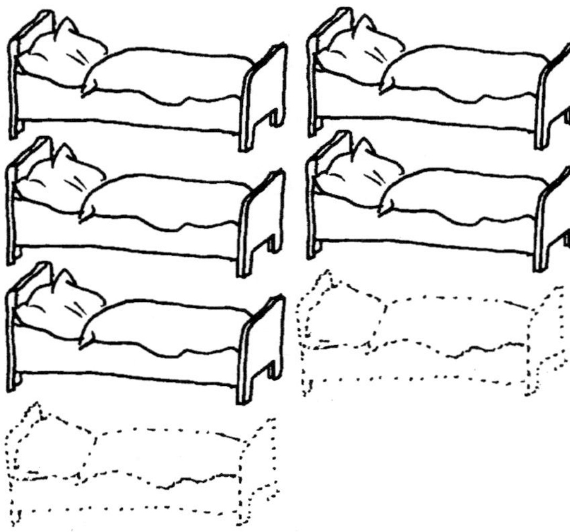

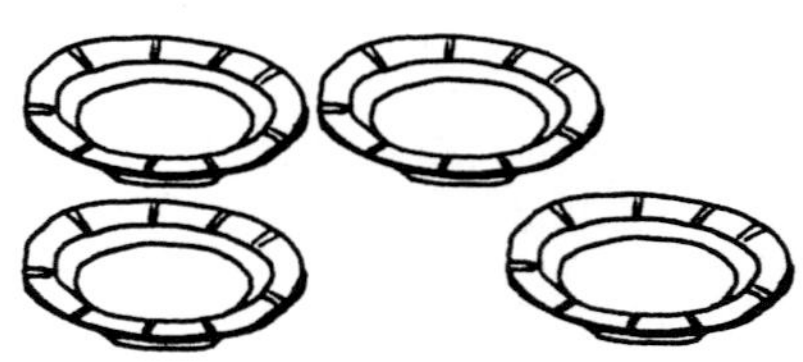

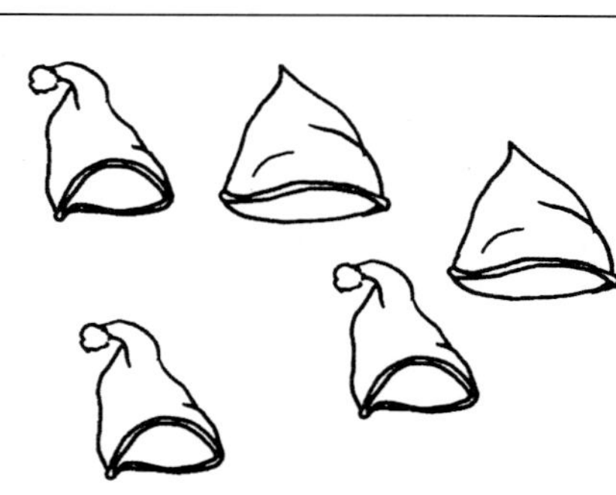

Genau zählen; Ergänzen zur Menge 7: „Male so viele Bettchen dazu, das es sieben sind!“	**AB 28a**

Ordnungszahlen in die Mützen der Zwerge schreiben; Zwerg nach Fragestellung suchen: „Welcher Zwerg hat den Spaten … usw.“	**AB 28b**

Osterhäschen dort im Grase (Verfasser unbekannt)

Osterhäschen dort im Grase,
Wackelschwänzchen, Schnuppernase,
mit den langen, braunen Ohren,
hast ein Osterei verloren!
Zwischen Blumen seh ich es liegen.
Osterhäschen kann ich es kriegen?

Muster zeilenweise mit verschiedenen Farben nach Ansage nachspuren; Nutzen von Kommentaren wie: „ab“, „schräg auf“ oder „Bogen“; Ausschneiden	**AB 29/30a**

2	7	3	5	4

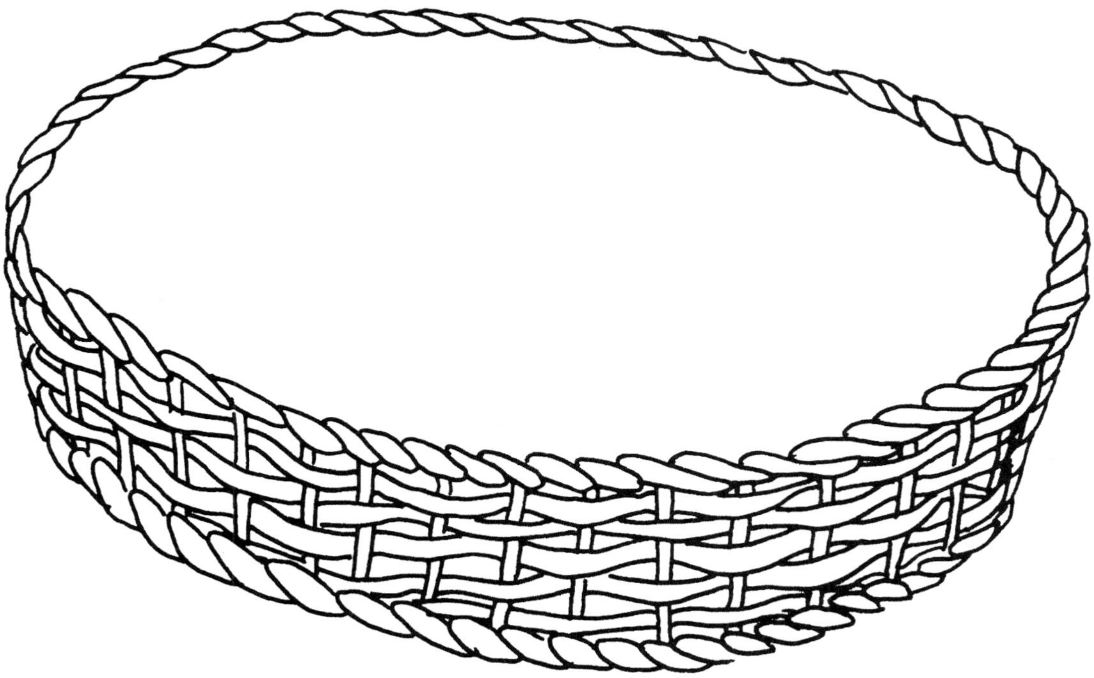

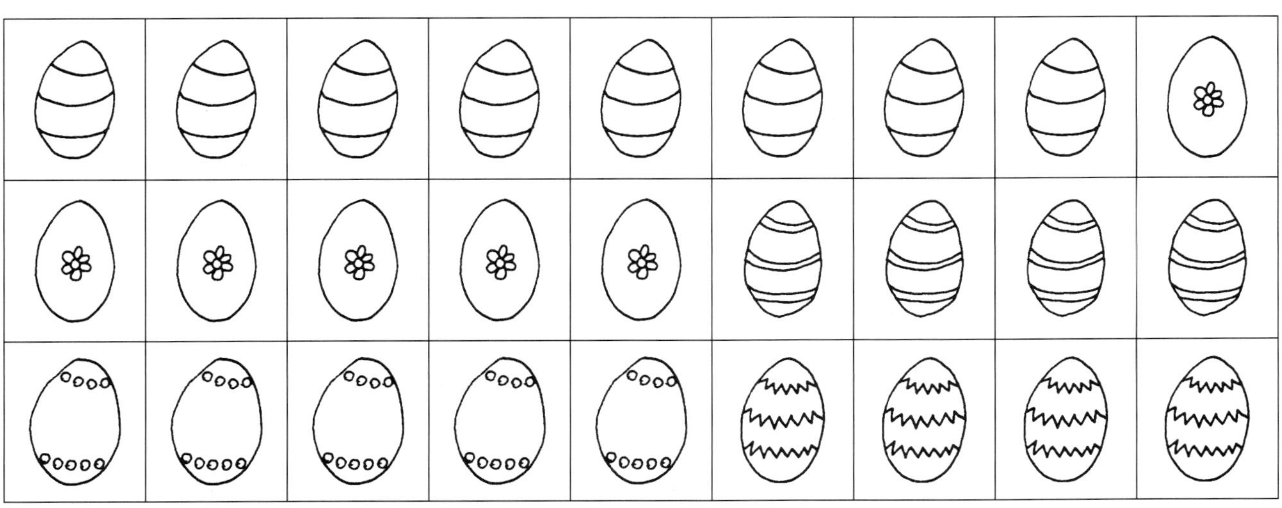

Ostereier unten erst in Streifen, dann einzeln ausschneiden; entsprechend der vorgegebenen Anzahl in das Körbchen kleben; gleiche Eier mit denselben Farben ausmalen

AB 29/30b

Körbchen durch Nachfahren der Wege finden (dabei nicht an die Ränder stoßen); Körbchen nach Vorgabe mit entsprechender Anzahl von Ostereiern füllen	**AB 29/30c**

Merken und Malen

1. Merke dir 2 Farben! Male ein Ei rot und eins blau an!

rot	blau		grün	gelb		blau	grün		gelb	rot
O	O		O	O		O	O		O	O

2. Merke dir drei Farben!

rot	blau	grün		blau	gelb	rot		grün	gelb	blau
O	O	O		O	O	O		O	O	O
blau	grün	rot		gelb	rot	blau		rot	grün	gelb
O	O	O		O	O	O		O	O	O

3. Merke dir Anzahl und Farbe!

3a) Male 3 Eier rot und 4 blau aus!

O O O O O O O O O O O O O O

3b) Male 2 Eier grün und 5 gelb aus!

O O O O O O O O O O O O O O

3c) Male 4 Eier blau und 3 grün aus!

O O O O O O O O O O O O O O

Ausmalen nach Ansage mit steigender Schwierigkeit (erst Aufgabe vollständig nennen)	**AB 29/30d**

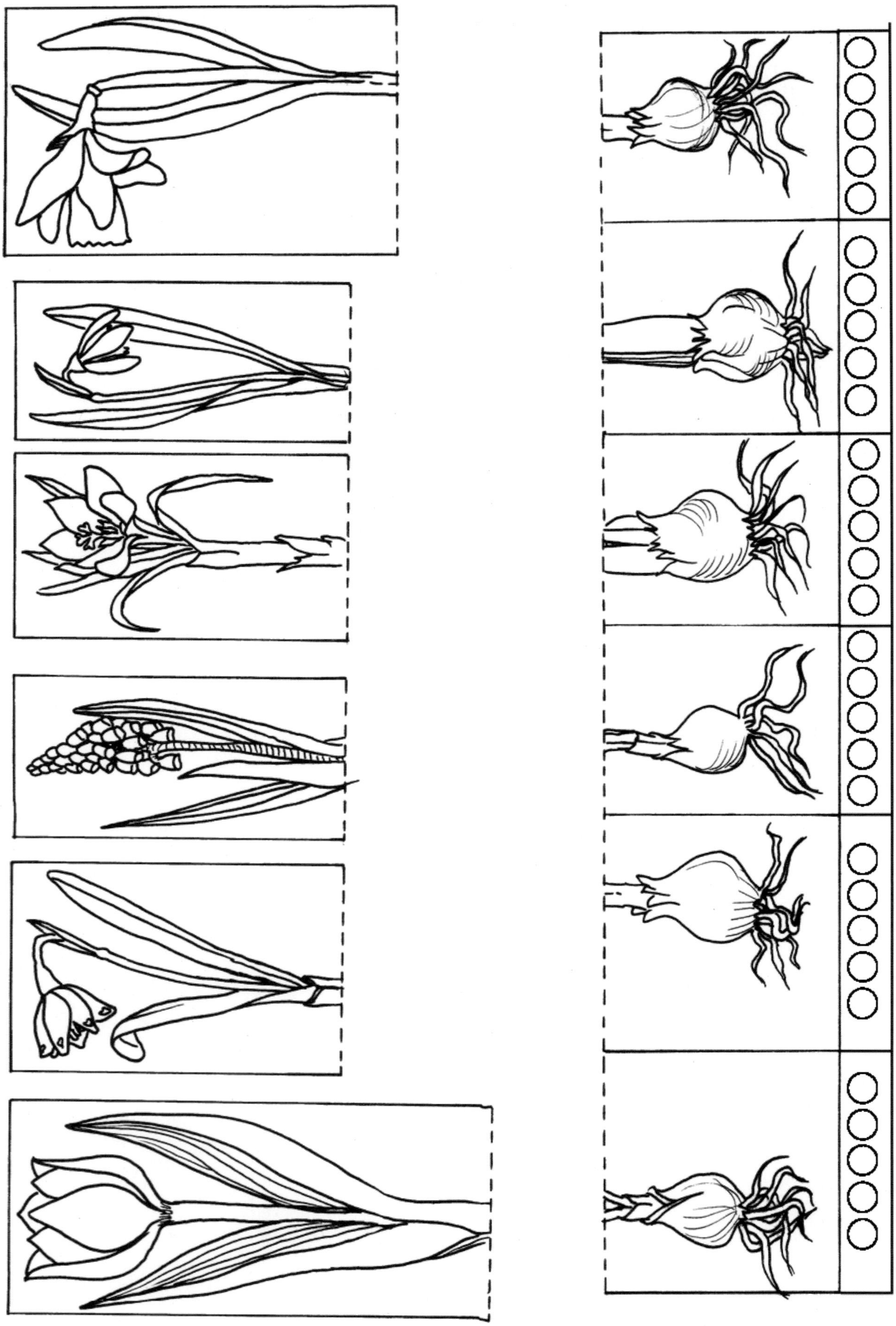

Blüten ausschneiden und Frühblüher zusammensetzen; Blumen benennen; Silbenglieder und Anzahl der Silben markieren	**AB 31a**

Felder mit dem Buchstaben O suchen und ausmalen; Wörter mit O im Anlaut suchen, einkreisen oder ausmalen	**AB 31b**

Warum alle Gänseblümchen auch ein wenig rosafarben sind

Es war einmal ein kleines Gänseblümchen, das wuchs mitten in einem Rasengarten. Rings um den Rasen standen viele schöne Blumen: rote und gelbe Tulpen, üppige Pfingstrosen, Nelken, Rittersporn und Stiefmütterchen – und alle diese Blumen waren stolz darauf, so schön zu sein. „Ich bin die schönste", sagte eine feurige rote Tulpe. „Nein, ich bin es", sagte eine andere. „Und wir, sind wir nicht aus purem Gold?", riefen die gelben Tulpen. „Wir sind die größten", erklärten die Pfingstrosen. „Und wir, wir tragen die Farbe des Himmels", ereiferten sich die Rittersporne. „Riecht ihr nicht unseren Duft?", seufzten die Nelken. „Bewundert unsere Farben", schrien die Stiefmütterchen. Und alle die Blumen, die sich da stritten, schwankten aufgeregt hin und her, streckten ihre Stengel in die Höhe, schüttelten ihre Blumenkronen und blähten sich auf. Da schlug die rote Tulpe vor: „Die Sonne, sie soll entscheiden, wer von uns die Schönste ist." Und schon riefen alle miteinander zum Himmel empor: „Sonne, Sonne, du unsere Königin, sag, welche von uns ist die Schönste?" Und die Sonne neigte sich ein wenig herab, um besser sehen zu können, und dann lächelte sie und sagte: „Ich finde euch alle sehr schön. Aber das Gänseblümchen dort finde ich am schönsten, denn es hat ein kleines goldenes Herz." Als das Gänseblümchen dies hörte, lief es vor Freude ganz rosenfarben an. Und seit jedem Tage sind alle Gänseblümchen auch ein wenig rosenfarben.

Die Glocke von grünem Erz

Es ist in Rußland, einem großen, weiten Land.
Ein Bauer möchte seinen Acker pflügen.
So spannt er seinen Ochsen ein und zieht aufs Feld.
Mitten beim Pflügen hört er einen hellen Klang.
Sein Pflug ist auf einen Ring aus Eisen gestoßen.
Wozu mag der Ring gehören?
Der Bauer bindet ein Seil an den Ring.
Sein Ochse zieht eine große Glocke aus der Erde,
eine Glocke aus grünem Erz.

Der Bauer freut sich.
Er hat eine Glocke gefunden.
Im Dorf gibt es noch keine Glocke.
Die Leute sind arm.
So lädt der Bauer die Glocke auf seinen Wagen
und fährt sie heim.
Das ganze Dorf ist voller Freude.
Ein Turm aus Holz wird gebaut
und die Glocke aufgehängt.

Täglich wird die Glocke geläutet.
Bei ihrem Klang kommt Frieden ins Dorf.
Wer streitet, hört zu streiten auf.
Die Kranken vergessen eine Weile ihre Schmerzen,
die Traurigen ihren Kummer.
Die Reichen erinnern sich der Armen.
So wird die Glocke zum Segen für das Dorf.

Da hört der Zar, der König des Landes von dieser Glocke.
Der Zar ist ein mächtiger Herr.
Er denkt: Ich bin der Herrscher über das Land.
Ich muss die Glocke haben.
Sie muss in meinem Schloss, auf meinem Turm läuten.

AB 31c

Mein Marienkäfer-Büchlein

1. Es ist Frühling, die Marienkäfer fressen viele Blattläuse.
2. Sie suchen sich einen Partner oder eine Partnerin.

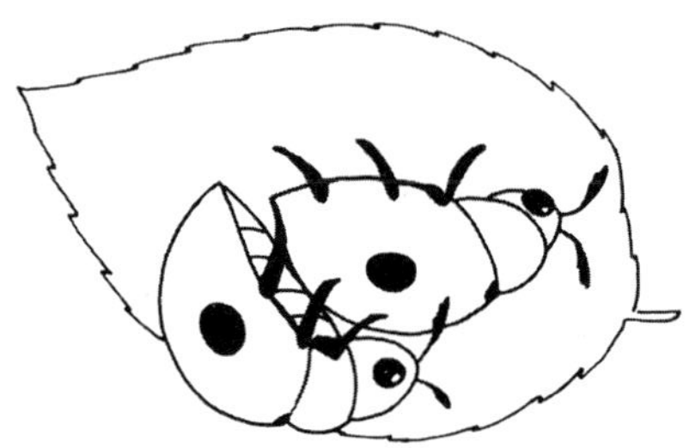

3. Das Weibchen legt 800 Eier auf die Unterseite eines Blatts,

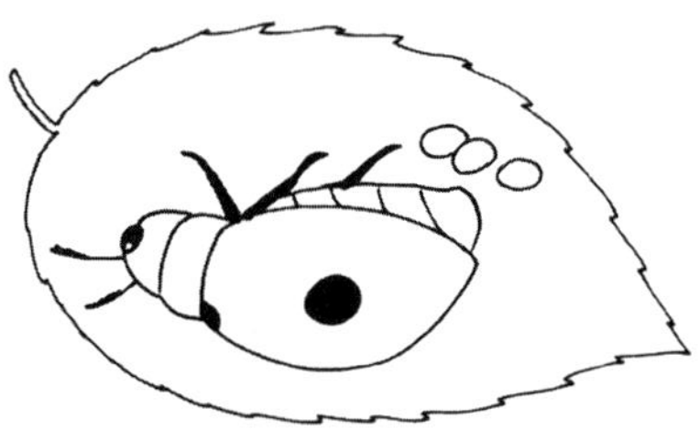

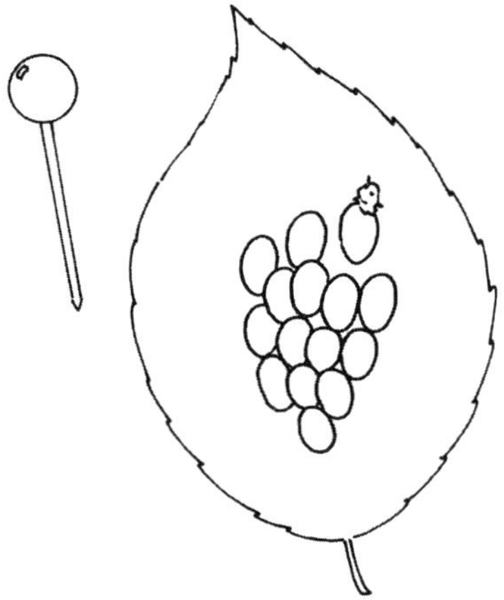

4. Nach etwa einer Woche schlüpfen aus den Eiern kleine Larven.
5. Die Larven sind so groß wie ein blauer-grau-gelber Stecknadelkopf mit 6 Beinen.

6. Die Larve frisst ganz viele Blattläuse und wird schnell größer.

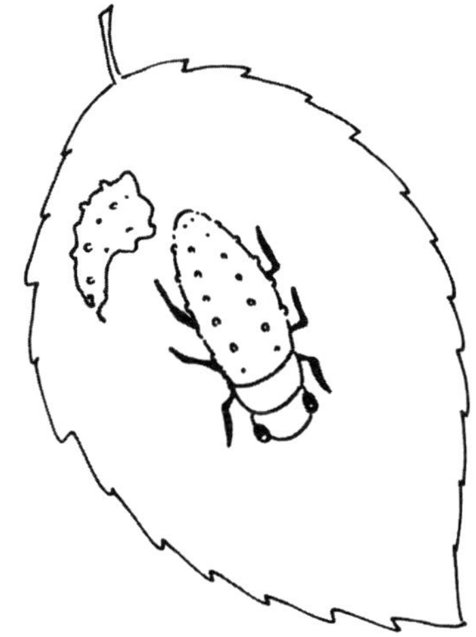

7. Die Haut wird ihr zu eng, sie wirft sie ab und sieht nun ganz anders aus.

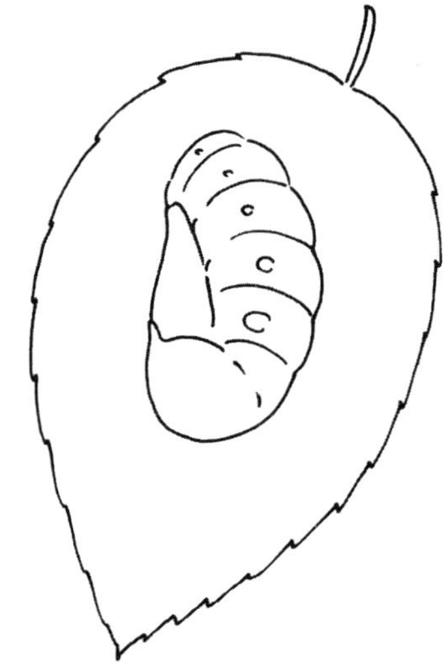

8. Sie frisst weiter und wird bald zu einer starren Puppe

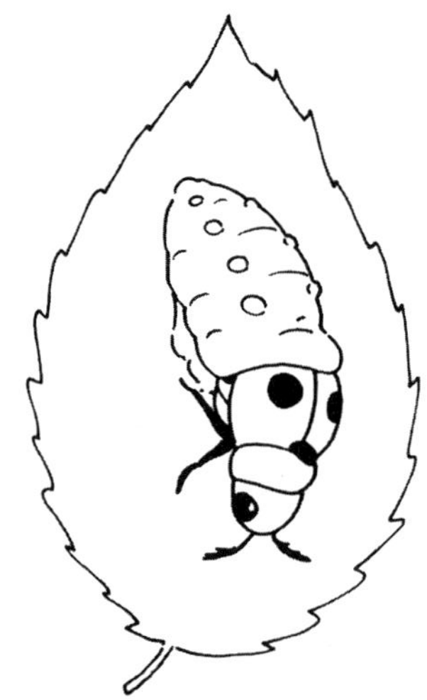

9. Die Haut bricht entzwei und ein kleiner, gelber Marienkäfer schlüpft heraus.

Ausmalen; Schneiden und Herstellen eines Büchleins (AB eventuell zuvor vergrößern)

AB 32/33a

Wo hörst du __________?

Lege den Punkt an die richtige Stelle!

Wo hörst du __________?

Lege den Punkt an die richtige Stelle!

Legetafel für 2 Kinder; Wort nennen; Stellung des Ziellautes im Wort durch Legen eines Punktes kennzeichnen	**AB 32/33b**

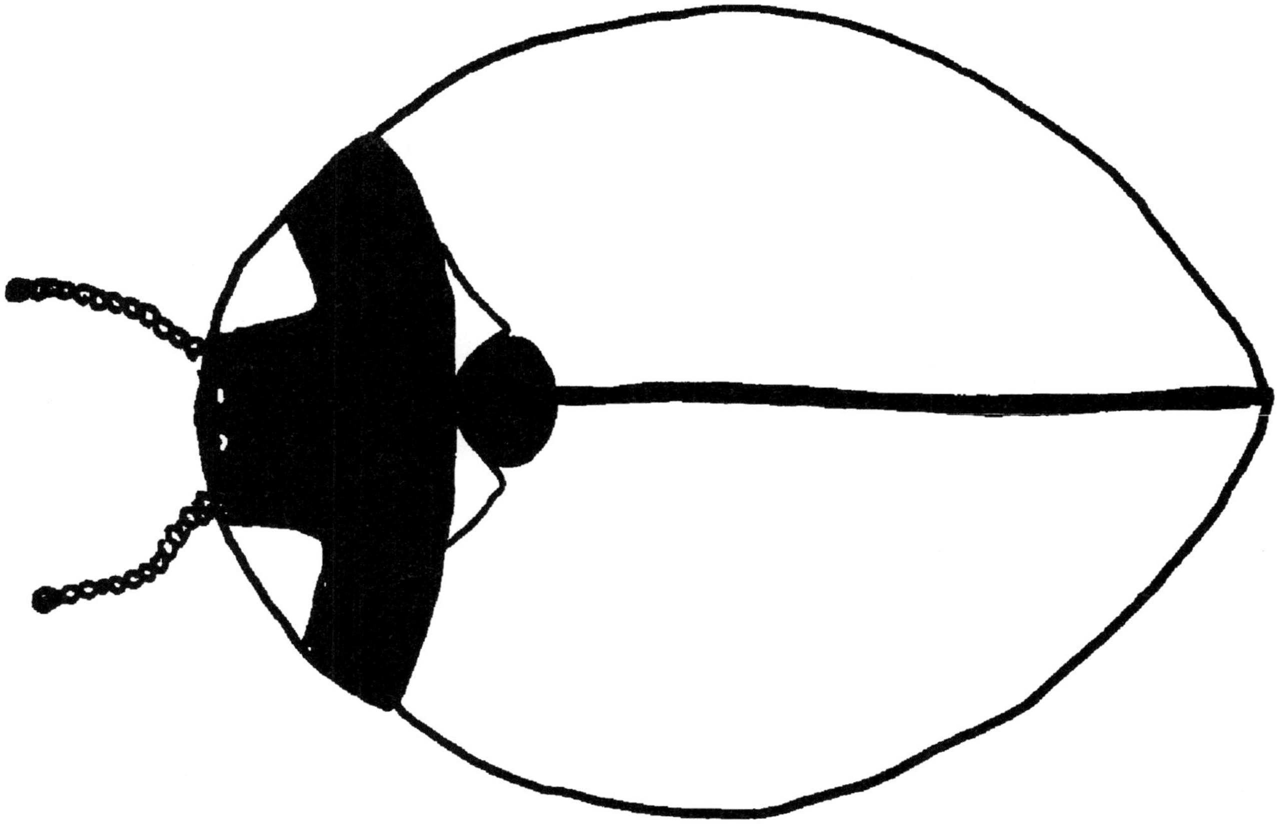

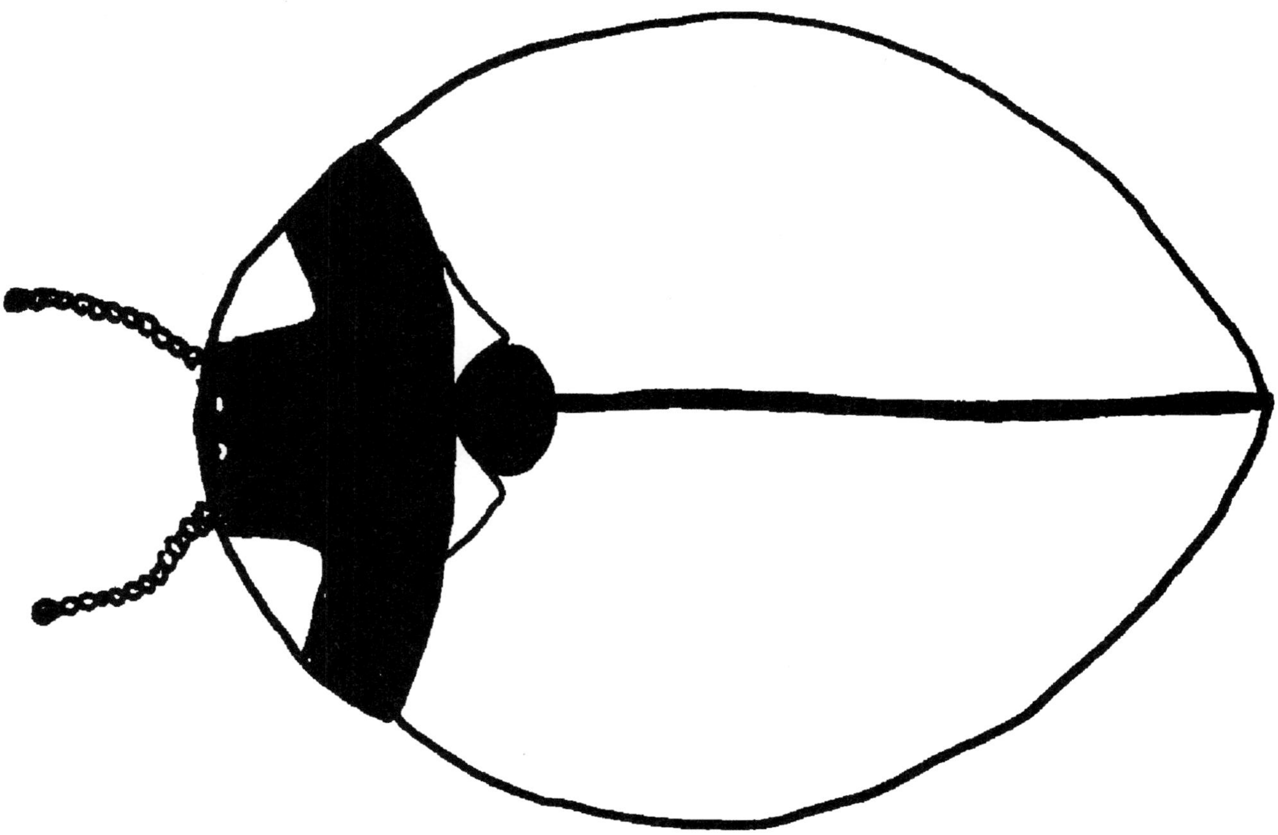

Legetafel für 2 Kinder; Legen von Mengen nach Ansage oder Klopfzeichen; Ergänzen von Mengen

AB 32/33c

Punkte zählen und Ziffer schreiben; Mengen ergänzen | **AB 32/33d**

Felder 1 bis 3 verschiedenfarbig ausmalen; Zootiernamen nennen; Silbenglieder entsprechend der Anzahl der Silben mit der richtigen Farbe markieren	**AB 34a**

Ausmalen der Fische im Aquarium nach Ansage: „Male den dritten und den fünften Fisch rot aus usw.!“; Schreiben der Ordnungszahlen: „Welche Fische sind rot?“ „Welche Fische schwimmen nach rechts?“; Beantworten der Fragen – Ordnungszahlenwörter verwenden

AB 34b

„Karneval der Tiere" von C. Saint-Saëns
Zu welchem Tier gehört die Musik?

◯ Elefant

◯ Löwe

◯ Vogelhaus

◯ Kuckuck in der Tiefe des Waldes

◯ Esel

◯ im Aquarium

Musikbeispiele aus dem „Karneval der Tiere" vorspielen; dazugehöriges Tierbild mit entsprechender Zahl versehen	**AB 34c**

Bilder ausschneiden und in die richtige Reihenfolge legen und aufkleben; zusammenhängendes Erzählen üben	**AB 35**

Produkte dem entsprechenden Tier zuordnen	**AB 36a**

Wir geben ihr das Futter!
Sie gibt uns Milch und Butter!

Milchprodukte aus Prospekten (Zeitungsbeilagen) ausschneiden und ein Plakat gestalten	**AB 36b**

Ampelfarben zunächst mit Legepunkten anordnen, dann die Felder ausmalen	**AB 37**

A	A	A
M	M	M
I	I	I
O	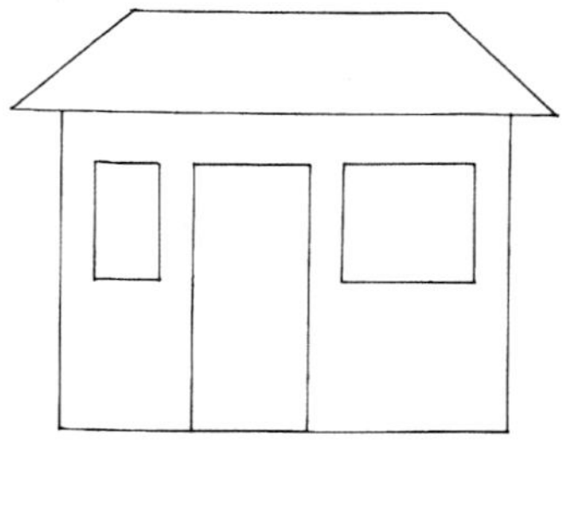	

Buchstaben ausschneiden, verstärken und laminieren; Leseübungen anbieten	**AB 38**

Nacherzählen der Geschichte; Bilder ausmalen | **AB 39/40a**

Schmetterling auf beiden Seiten gleich ausmalen

AB 39/40b

Liedanhang

Alle Vögel sind schon da

Text: Hoffmann von Fallersleben
Melodie: mündlich überliefert

2. Wie sie alle lustig sind,
flink und froh sich regen!
Amsel, Drossel, Fink und Star
und die ganze Vogelschar
wünschen uns ein frohes Jahr,
lauter Heil und Segen.

3. Was sie uns verkünden nun,
nehmen wir zu Herzen:
Wir auch wollen lustig sein,
lustig wie die Vögelein,
hier und dort, feldaus, feldein,
singen, springen, scherzen.

„Alunelul“ – Kleine Haselnuss

Text: Barbara Holzapfel
Melodie: Rumänischer Volkstanz

Dornröschen war ein schönes Kind

Text: Überliefert
Melodie: Überliefert

2. Dornröschen, nimm dich ja in Acht vor einer bösen Fee!
3. Da kam die böse Fee herein und rief ihm zu:
4. „Dornröschen, schlafe hundert Jahr und alle mit!"
5. Da wuchs die Hecke riesengroß um das Schloss.
6. Da kam ein junger Königssohn und sprach zu ihm:
7. „Dornröschen, wache wieder auf und alle mit!"
8. Sie feierten das Hochzeitsfest und alle tanzten mit.

Ei, ei, ei, ihr Hühnerchen

Text: Überliefert
Melodie: Überliefert

2. Hähnchen ist aufs Dach geflogen
ins Bodenloch hinein,
da schlug der Wind die Türe zu,
es muss gefangen sein!

3. Doch nach einer Stunde schon
ging wieder auf die Tür;
„Tuck, tuck, tuck, ihr Hühnerchen,
nun bin ich wieder hier!"

4. Wie freuten sich die Hühnerchen,
als sie ihn wieder sah'n,
wie hüpften sie und sprangen sie
um ihren lieben Hahn.

Ein Vogel wollte Hochzeit machen

Text: Überliefert
Melodie: Überliefert

2. Die Drossel ist der Bräutigam,
die Amsel ist die Braute.
Fideralala ...

3. Der Sperber, der Sperber,
der ist der Hochzeitswerber.
Fideralala ...

4. Der Stare, der Stare,
der flicht der Braut die Haare.
Fideralala ...

5. Der Seidenschwanz, der Seidenschwanz,
der bringt der Braut den Hochzeitskranz.
Fideralala ...

6. Die Lerche, die Lerche,
die bringt die Braut zur Kerche.
Fideralala ...

7. Der Auerhahn, der Auerhahn,
der ist der würdge Kapellan.
Fideralala ...

8. Die Meise, die Meise,
die singt das Kyrieleise.
Fideralala ...

9. Der Kuckuck kocht das Hochzeitsmahl,
frisst selbst die besten Brocken all.
Fideralala ...

10. Der Zeisig, der Zeisig,
der futtert gar sehr fleißig.
Fideralala ...

11. Die Puten, die Puten,
die machten breite Schnuten.
Fideralala ...

12. Die Gänse und die Anten,
die sind die Musikanten.
Fideralala ...

13. Der Wiedehopf, der Wiedehopf,
bringt nach dem Mahl den Kaffeetopf.
Fideralala ...

14. Der Rabe, der Rabe,
der bringt die erste Gabe.
Fideralala ...

15. Der Pfau mit seinem bunten Schwanz,
der führt die Braut zum Hochzeitstanz.
Fideralala ...

16. Das Finkelein, das Finkelein,
das führt das Paar ins Kämmerlein.
Fideralala ...

17. Brautmutter ist die Eule,
nimmt Abschied mit Geheule.
Fideralala ...

18. Der Uhu, der Uhu,
der macht die Fensterläden zu.
Fideralala ...

19. Die Taube, die Taube,
die bringt der Braut die Haube.
Fideralala ...

20. Die Fledermaus, die Fledermaus,
die zieht der Braut die Strümpfe aus.
Fideralala ...

21. Das Haselhuhn, das Haselhuhn,
sagt fröhlich: „Wünsche wohl zu ruhn!"
Fideralala ...

22. Frau Kratzefuß, Frau Kratzefuß,
gibt allen einen Abschiedskuss.
Fideralala ...

23. Der Hahn, der krähet: „Gute Nacht!"
Dann wird die Kammer zugemacht.
Fideralala ...

24. Nun ist die Vogelhochzeit aus,
und alle ziehn vergnügt nach Haus.
Fideralala ...

Es war eine Mutter

Text: Überliefert
Melodie: Überliefert

2. Das Klatschen, das Klatschen,
das muss man verstehn.
Da muss man sich dreimal
im Kreise umdrehn.

Gänseblümchen

Text: Überliefert
Melodie: Überliefert

Grün, grün, grün sind alle meine Kleider

Text: Überliefert
Melodie: Überliefert

2. Rot, rot, rot sind alle meine Kleider,
rot, rot, rot ist alles, was ich hab.
Darum lieb ich alles, was so rot ist,
weil mein Schatz ein Reiter, Reiter ist.

3. Blau, blau, blau sind alle meine Kleider,
blau, blau, blau ist alles, was ich hab.
Darum lieb ich alles, was so blau ist,
weil mein Schatz ein Seemann, Seemann ist.

4. Weiß, weiß, weiß sind alle meine Kleider,
weiß, weiß, weiß ist alles, was ich hab.
Darum lieb ich alles, was so weiß ist,
weil mein Schatz ein Bäcker, Bäcker ist.

5. Schwarz, schwarz, schwarz sind alle meine Kleider,
schwarz, schwarz, schwarz ist alles, was ich hab.
Darum lieb ich alles, was so schwarz ist,
weil mein Schatz ein Schornsteinfeger ist.

6. Bunt, bunt, bunt sind alle meine Kleider,
bunt, bunt, bunt ist alles, was ich hab.
Darum lieb ich alles, was so bunt ist,
weil mein Schatz ein Maler, Maler ist.

Hänsel und Gretel

Text: Überliefert
Melodie: Überliefert

2. Huhu, da schaut eine alte Hexe raus.
Sie lockt die Kinder ins Pfefferkuchenhaus.
Sie stellte sich gar freundlich,
oh Hänsel, welche Not.
Ihn wollt' sie braten im Ofen braun wie Brot.

3. Doch als die Hexe zum Ofen schaut hinein,
ward sie gestoßen von unserm Gretelein.
Die Hexe musste braten,
die Kinder geh'n nach Haus.
Nun ist das Märchen von Hans und Gretel aus.

Ich bin ein kleiner Hampelmann

Text: Überliefert
Melodie: Überliefert

2. Ich bin die kleine Hampelfrau und kann alles ganz genau,

   Refrain:
   mal links, mal rechts, mal auf, mal ab, und immer klipp und klapp.
   Mal hängt mich oben an die Wand, man zieht an einem langen Band,
   mal links, mal rechts, mal auf mal ab, und immer klipp und klapp.

3. Ich bin das kleine Hampelkind und kann das alles ganz geschwind,

   Refrain:
   mal links, mal rechts, mal auf, mal ab, und immer klipp und klapp.
   Mal hängt mich oben an die Wand, man zieht an einem langen Band,
   mal links, mal rechts, mal auf mal ab, und immer klipp und klapp.

Ich geh mit meiner Laterne

Text: Überliefert
Melodie: Überliefert

2. Laternenlicht, verlösch mir nicht,
   ra bimmel, ra bammel, ra bum.

3. Ich trag mein Licht und fürcht mich nicht,
   ra bimmel, ra bammel, ra bum.

4. Mein Licht geht aus, wir gehn nach Haus,
   ra bimmel, ra bammel, ra bum.

In einem kleinen Apfel

Text: Volksweise
Melodie: Wolfgang Amadeus Mozart

2. In jedem Stübchen wohnen
zwei Kernchen, schwarz und fein,
die liegen drin und träumen
vom lieben Sonnenschein.

3. Sie träumen auch noch weiter
gar einen schönen Traum,
wie sie einst werden hängen
am lieben Weihnachtsbaum.

Kopf und Schultern (Head and Shoulders)

Text: Überliefert
Melodie: Aus England

Head and shoulders, knees and toes,
knees and toes *(2-mal)*
and eyes and ears and chin and mouth and nose.
Head and shoulders, knees and toes,
knees and toes.

Lasst uns froh und munter sein

Text: Überliefert
Melodie: Überliefert

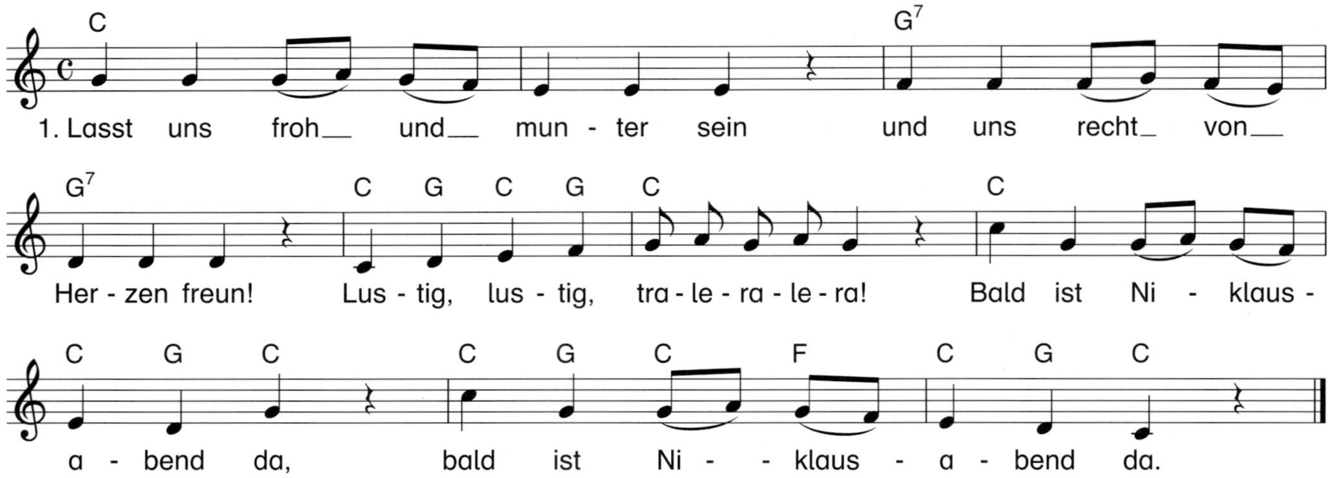

2. Dann stell ich den Teller auf,
Niklaus legt gewiss was drauf.
Lustig, lustig, traleralera …

3. Wenn ich schlaf, dann träume ich,
jetzt bringt Niklaus was für mich.
Lustig, lustig, traleralera …

4. Wenn ich aufgestanden bin,
lauf ich schnell zum Teller hin.
Lustig, lustig, traleralera …

5. Nikolaus ist ein guter Mann,
dem man nicht g'nug danken kann.
Lustig, lustig, traleralera …

Laurentia, liebe Laurentia mein

Text: Überliefert
Melodie: Überliefert

Laurentia, liebe *Laurentia* mein,
wann werden wir wieder zusammen sein?
Am Dienstag.
Ach, wenn es doch erst wieder *Montag, Dienstag* wär'
Und ich bei meiner *Laurentia* wär'!
Laurentia wär'!

Laurentia, liebe *Laurentia* mein,
wann werden wir wieder zusammen sein?
Am Mittwoch.
Ach, wenn es doch erst wieder *Montag, Dienstag, Mittwoch* wär'!
Und ich bei meiner *Laurentia* wär'
Laurentia wär'!

Nanu, nanu – was hab ich denn im Schuh?

Text: Unbekannt
Melodie: Unbekannt

2. Nanu …, was hab' ich denn im Schuh?
   das Ding ist ja ganz glatt;
   ich glaub', es ist ein (Blatt).

3. Nanu …, was hab' ich denn im Schuh?
   das Ding ist ja ganz nass;
   ich glaub', es ist (Gras).

4. Nanu …, was hab' ich denn im Schuh?
   ich seh's, wenn ich mich bücke;
   ich glaub', es ist 'ne (Mücke).

5. Nanu …, was hab' ich denn im Schuh?
   Jetzt fühl ich gar nichts mehr;
   ich glaub', mein Schuh ist (leer).

Osterhasenlied

Text: Überliefert
Melodie: Überliefert

2. Es ist allerhöchste Zeit, Ostern ist jetzt nicht mehr weit!
   Wieviel Eier hat Frau Henne schon gelegt auf ihrer Tenne?
   Und nun ruft sie: „Gag, gag, gag, wo der Has wohl bleiben mag?"

Und wer im Januar geboren ist

Text: Überliefert
Melodie: Überliefert

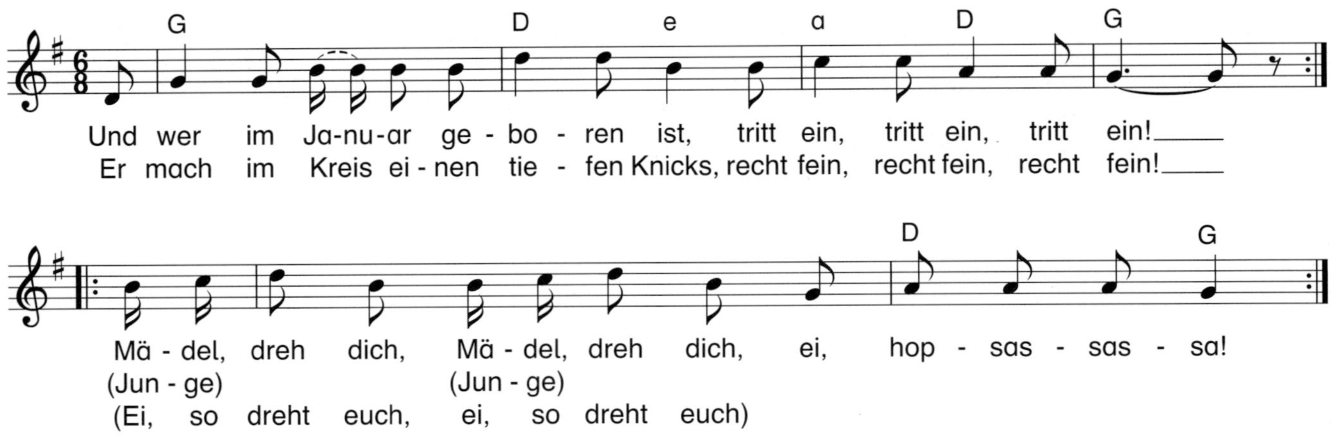

Vor Weihnachten

Text: Überliefert
Melodie: Überliefert

2. Zünden wir zwei Lichtlein an, mahnen wir den Weihnachtsmann:
„Pack schon die Geschenke ein! Bald muss alles fertig sein!"
3. Zünden wir drei Lichtlein an, sputet sich der Weihnachtsmann:
füllt den Sack bis an den Rand, Schimmel wird bald eingespannt.
4. Zünden wir vier Lichtlein an, schmunzelt froh der Weihnachtsmann:
hat ja alles schon bereit für die schöne Weihnachtszeit.

Literatur

Bachmann, Fritz/Smolik, Eva/Bimberg, Siegfried: Sputnik, Sputnik, kreise!, Friedrich Hofmeister Musikverlag, Leipzig
Bächli, Gerda: Im Bim-Bam-Bummelzug, Verlag Musikhaus Pan AG, Zürich, 1988
Bächli, Gerda: Traumschiffchen, Musik Vision, Küsnacht, 2002
Bächli, Gerda: Zikus Zottelbär, Verlag Musikhaus Pan AG, Zürich
Behrendt, Wilfried/Krauthoff, Irmgard/Vogel, Hans: Musikus 1/2, Volk und Wissen Verlag GmbH, Berlin, 1997
Behrendt, Wilfried/Krauthoff, Irmgard/Vogel, Hans: Musikus 3/4, Volk und Wissen Verlag GmbH, Berlin, 1994, (Buch mit dazugehöriger CD)
Carle, Erik: Die kleine Raupe Nimmersatt, Gerstenberg, 1994
Carle Erik/Edelkötter, Ludger: Die kleine Raupe Nimmersatt (Singspiel), Karussell Musik & Video GmbH, Hamburg, 1999 (CD)
de Bourgoing, Pascale/Gräfin Schönfeldt, Sybil: Der Marienkäfer, Bibliographisches Institut & F.A. Brockhaus AG, Mannheim, 1991
Eck, Cordula/Maurach, Jutta/Schwaighofer, Alexandra: Buchstaben erarbeiten: a, e, i, o, u, Cornelsen Verlag, Berlin, 2002
Edelkötter, Ludger: Hast du etwas Zeit für mich, Impulse-Musikverlag, Drensteinfurt, 1984 (CD)
Engelbert, Humperdinck/Catherina Storr/Annabel Spenceley: Hänsel und Gretel. Die Märchenoper als Bilderbuch mit Musik, Bärenreiter Verlag, Kassel, 1992
Fehrenbach, Carola: Auer Fotomappe Singvögel, Auer Verlag, Donauwörth, 2006
Fehrenbach, Carola: Auer Fotomappe Frühblüher, Auer Verlag, Donauwörth, 2006
Fischer-Olm, Anna: Mit schöner Sprache durch das Jahr – Ein multisensorischer, sprachfördernder Lehrgang für Kindergarten, Vorschule und Grundstufe, verlag modernes lernen, Borgmann KG, 2003
Gaß-Tutt, Anneliese: Tanzkarussell 2, Fidula, Boppard, 2004 (Buch mit 2 CD's)
Große-Jäger, Hermann (Hrsg.): Tanzen in der Grundschule, Fidula, Boppard, 1992 (Buch mit dazugehöriger CD)
Grote, Manfred (Hrsg.): Mein Liederbuch, Volk und Wissen Verlag, Berlin, 2002
Hartung, Annina: Singen macht Spaß – Lieder für Vorschulkinder, Hermann Lichterhand Verlag, München, 1991.
Hieronymus Ulrike: Der Morgenkreis als Unterrichtsbeginn, R. Oldenbourg Verlag GmbH, München, 1996
Horn, Reinhard/Mölders, Rita/Schröder, Dorothe: Weihnachtshits, Kontakte-Musikverlag, 2004
Jöcker, Detlev: 1, 2, 3 im Sauseschritt, Menschenkinder Verlag, Münster, 1995
Jöcker, Detlev: Und weiter geht´s im Sauseschritt, Menschenkinder Verlag, Münster, 1994
Pachnike, Bernd: All mein Gedanken, Edition Peters, 1980
Plenzke, Uwe: Was man alles machen kann, Berlin, Potsdam, 2000 (CD mit Begleitheft)
Rosin, Volker: Weihnacht im Schnee, Moon Records, Düsseldorf, 1999
Spode, Wolfgang: Die Wundertüte, Fidula, Boppard, 1993
Tiede, Hans-Otto: Sieben Blumensträuße, Volk und Wissen, 1987
Tischler, Björn: einfach tierisch; Fidula, Boppard, 1998
Tischler, Björn/Moroder-Tischler, Ruth: Spielend tanzen, Dieter Balsies Verlag, Kiel, 1995
Vogel, Hans und Unterumsberger, Andreas (Hrsg.): Mein Liederkästchen, Volk und Wissen Verlag, Berlin, 1992
Zuckowski, Rolf: Rolfs Top 100, Polydor, 2007 (CD)
Zuckowski, Rolf: Rolfs Vogelhochzeit – Eine Geschichte in 12 Liedern und Bildern, Polydor, Hamburg, 1977 (CD)

Lieder:

aus Bachmann, Fritz/Smolik, Eva/Bimberg, Siegfried: Sputnik, Sputnik, kreise!, Friedrich Hofmeister Musikverlag, Leipzig
- „Ich hab ein kleines Vogelhaus" (Worte: Christine-Gisela Schmidt, Weise: Gerlinde Hoffmann)
- „Bei Rot bleibe steh'n, bei Grün kannst du geh'n" (Verfasser unbekannt, Text 2./3.Strphe Margarete Tews, Satz: Fritz Bachmann)

aus Bächli, Gerda: Im Bim-Bam-Bummelzug, Verlag Musikhaus Pan AG, Zürich, 1988
- „Kastanienlied" (Gerda Bächli)

aus Bächli, Gerda: Traumschiffchen, Musik Vision, Küsnacht, 2002
- „Schneeglöckchen" (Gerda Bächli)

aus Bächli, Gerda: Zirkus Zottelbär, Verlag Musikhaus Pan AG, Zürich, 2002
- „Blumenlied" (Gerda Bächli)

aus Behrendt, Wilfried/Krauthoff, Irmgard/Vogel, Hans: Musikus 3/4, Volk und Wissen Verlag GmbH, Berlin, 1994
- Musik zur Märchenoper: „Hänsel und Gretel" (Engelbert Humperdinck)
- „Zagraj nam reiku" (Jan Paul Nagel)

aus Edelkötter, Ludger: Hast du etwas Zeit für mich, Impulse-Musikverlag, Drensteinfurt, 1984
- „Ich habe einen Kopf" (Text: Rolf Krenzer; Melodie: Ludger Edelkötter)

aus Fischer-Olm, Anna: Mit schöner Sprache durch das Jahr, verlag modernes lernen, Borgmann KG, 2003
- „Schaut euch nur die (Doris) an…" (Text und Melodie: Anna Fischer-Olm)

aus Grote, Manfred (Hrsg.): Mein Liederbuch, Volk und Wissen Verlag, Berlin, 2002
- „Alle Kinder lernen lesen" (Text: Wilhelm Topsch, Melodie: überliefert)
- „Alle Vögel sind schon da" (Text: Hoffmann von Fallersleben; Melodie: Schlesische Volksweise)
- „Das Farbenlied" (Text: Heinz Beckers; Melodie: Detlev Jöcker)
- „Wo sind bloß die Ostereier" (Worte und Melodie: Matthias Meyer-Göllner)

aus Hartung, Annina: Singen macht Spaß. Lieder für Vorschulkinder, Hermann Lichterhand Verlag, München 1991
- „Käfer, du gefällst mir sehr" (Text: Barbara Henze, Musik: Manfred Roost)

aus Horn, Reinhard/Mölders, Rita/Schröder, Dorothe: Weihnachtshits, Kontakte-Musikverlag, 2004
- „Kleine Igel schlafen gern" (Text: K.W. Hoffmann; Melodie: schwedische Volksweise)

aus Jöcker, Detlev: 1, 2, 3 im Sauseschritt, Menschenkinder Verlag, Münster, 1995
- „1, 2, 3 im Sauseschritt" (Text: Lore Kleikamp; Musik: Detlev Jöcker)
- „Zauberer Schrappelschrut" (Text: Lore Kleikamp; Melodie: Detlev Jöcker

aus Jöcker, Detlev: Und weiter geht´s im Sauseschritt, Menschenkinder Verlag, Münster, 1994
- „Das Zappellied" (Text: Lore Kleikamp; Melodie: Detlev Jöcker)
- „Drei Schritte rückwärts" (Text: Lore Kleikamp; Melodie: Detlev Jöcker)
- „Tanzlied der Tiere" (Text: Lore Kleikamp; Melodie: Detlev Jöcker)
- „Wir bauen einen Schneemann" (Text: Lore Kleikamp, Musik: Detlev Jöcker)

aus Pachnike, Bernd: All mein Gedanken, Edition Peters, 1980
- „Die Vogelhochzeit" (Hrsg.: Hoffmann von Fallersleben und Ernst Richter)
- „Dornröschen war ein schönes Kind" (volkstümlich)
- „Ei, Ei, ei, ihr Hühnerchen" (Volkslied)
- „Es war eine Mutter" (Volksweise)
- „Grün, ja grün sind alle meine Kleider" (Volkslied)
- „Hänsel und Gretel" (volkstümlich)
- „Ich geh mit meiner Laterne" (Volkslied)
- „In einem kleinen Apfel" (Text: Volkstümlich; Melodie: Wolfgang Amadeus Mozart)
- „Lasst uns froh und munter sein" (Volkslied)
- „Und wer im Januar geboren ist, tritt ein..." (Volksweise)

aus Plenzke, Uwe: Was man alles machen kann, Berlin – Potsdam, 2000
- „Fühl mal" (Text und Musik Gerda Bächli)
- „Kopf und Schultern" (aus England)
- „Nanu, nanu, nanu, was haben ich denn im Schuh" (Verfasser unbekannt)

aus Rosin, Volker: Weihnacht im Schnee, Moon Records, Düsseldorf, 1999, – „Ich bin ein kleiner Schneemann" (Volker Rosin)

aus Spode, Wolfgang: Die Wundertüte, Fidula, Boppard, 1993
- „Eine Mücke schwirrt durchs Zimmer" (Wolfgang Spode)
- „Ich brauche kein Orchester" (Wolfgang Spode)
- „Schipp und Schapp, die beiden Schuhe" (Wolfgang Spode)

aus Vogel, Hans und Unterumsberger, Andreas (Hrsg.): Mein Liederkästchen, Volk und Wissen Verlag, Berlin, 1992
- „Bald nun ist Weihnachtzeit" (Text: Carola Wilke; Melodie: Hans Helmut)
- „Der Igel" (Worte und Melodie Irmgard Krauthoff)
- „Ich bau mit meinen Händen" (Wolf Zimmer)
- „Onkel Paul wohnt auf dem Land" (aus England, Textfassung: Ilse und Hans Naumilkat)
- „Rodellied" (Worte: Christel König, Melodie: Siegfried Bomberg)
- „Schneeflöckchen, Weißröckchen" (Text: nach Hedwig Haberkorn; Melodie: altes Kinderlied)
- „Schneemann, Schneemann, wie siehst du aus" (Manfred Hinrich)
- „So viel Heimlichkeit" (Lotte Schuffenhauer)
- „Wenn der frische Herbstwind weht" (Text: Albert Sixtus; Melodie: Richard Rudolf Klein)
- „Wenn Fastnacht ist" (Text: Lena Foellbach; Melodie: Carl-Ernst Teichmann)
- „Wer das Abc gelernt" (Albert Gabriel)

aus Zuckowski, Rolf: Rolfs Top 100, Polydor, 2007
- „Die Jahresuhr" (Rolf Zuckowski
- „In der Weihnachtsbäckerei" (Rolf Zuckowski)
- „Links und rechts (Rolf Zuckowski)
- „Mein Weg zur Schule ist nicht schwer" (Rolf Zuckowski)
- „Schulbus" (Rolf Zuckowski)
- „Stups, der kleine Osterhase" (Rolf Zuckowski)

Tänze:

aus Behrendt, Wifried/Krauthoff, Irmgard/Vogel, Hans Musikus 1/2, Volk und Wissen Verlag GmbH, Berlin, 1997
- Sorbisches Tanzlied: „Zagraj nam reiku" (Jan Paul Nagel)

aus Große-Jäger, Hermann (Hrsg.): Tanzen in der Grundschule, Fidula, Boppard, 1992
- „Siebensprung" (Tanz aus Dänemark)

Musik hören:

aus Tischler, Björn: einfach tierisch; Fidula, Boppard, 1998
- „Karneval der Tiere" (Camille Saint-Saëns)

aus Tischler, Björn/Moroder-Tischler, Ruth: spielend tanzen, Dieter Balsies Verlag, Kiel, 1995
- „Der Nussknacker" (Peter Tschaikowsky)

Zuckowski, Rolf: Rolfs Vogelhochzeit – Eine Geschichte in 12 Liedern und Bildern, Polydor, Hamburg, 1977

Gedichte:

aus Tiede, Hans-Otto: Sieben Blumensträuße, Volk und Wissen, 1987
- „Mein Drachen" (Walter Krumbach)
- „Osterhäschen, dort im Grase" (Verfasser unbekannt)
- „Vor Weihnachten" (Ursula Dörge)

aus Fischer-Olm, Anna: Mit schöner Sprache durch das Jahr, verlag modernes lernen, Borgmann KG, 2003
- „Ein Vöglein flog zum Pflaumenbaum" (Anna Fischer-Olm)